111 GRÜNDE, DEUTSCHLAND ZU LIEBEN

»Warum in die Ferne schweifen,
wenn das Gute liegt so nah?«

Redensart nach Johann Wolfgang von Goethe

JULIANE GRINGER

111 GRÜNDE, DEUTSCHLAND ZU LIEBEN

Eine längst überfällige Liebeserklärung

SCHWARZKOPF & SCHWARZKOPF

*große und kleine Verlage spannende Vielfalt bieten – Weil zwei große Buch-
messen jede Menge Lesestoff bieten – Weil es die ARD gibt – Weil wir auch
online mitmischen*

*Weil Forschung intensiv gefördert wird – Weil wir eine Kanzlerin ha-
ben – Weil wir innovativer sind – Weil man hier günstig leben kann – Weil
Deutschland in Kinder investiert und damit in die Zukunft – Weil ausländische Firmen sich hier gern niederlassen – Weil Deutschland ein angesehener
Wissenschaftsstandort ist – Weil wir uns Sorgen machen – Weil auch die
Weltmacht China unser Potenzial erkennt – Weil die Generationen zusam-
menhalten – Weil jeder sein eigenes Deutschland hat, danke!*

DARF MAN DAS? JA!

Vorwort

Berge und Meer, Weißwurst und Labskaus, Ost und West: Deutschland ist ein Land voller Gegensätze und spannender Vielfalt. Es gibt hier an jeder Ecke was zu entdecken, aber gerade wenn man selbst in diesem Land lebt, sieht man den Wald manchmal vor lauter Bäumen nicht und nimmt vielleicht gar nicht richtig wahr, was Deutschland so alles zu bieten hat.

Deshalb wollte ich dieses Buch schreiben. Weil ich schon immer gern in Deutschland lebe und irgendwann dachte: Warum eigentlich? Also habe ich spontan eine Liste gemacht und Gründe aufgeschrieben. Ich habe recherchiert, nachgefragt und genauer hingesehen und immer mehr Antworten gefunden, bis es irgendwann mindestens 111 Gründe, Deutschland zu lieben, waren. Ich habe sie alle hier aufgeschrieben.

Ich berichte von liebenswerter Meckerei, tollen Landschaften und schlauen Menschen, von Schwarzbrot und goldenem Handwerk, Multikulti und TÜV, japanischen Touristen und schlechten Schauspielern, die gar nicht so übel sind (womit wir wieder am Anfang dieses Satzes ankommen …) und vielen anderen Dingen, die man zwischen Flensburg und Bodensee, zwischen Aachen und Görlitz entdecken kann.

Aber Deutschland lieben, darf man das eigentlich? Ich lebe seit über 30 Jahren hier und das wirklich gern. Ich bin in Deutschland geboren und aufgewachsen – lange nach dem tiefschwarzen Geschichtskapitel, das für immer mit diesem Land verbunden sein wird. Darf ich es wirklich lieben? Die Antwort fällt leicht und schwer zugleich: Natürlich darf ich das. Wer sollte es mir auch verbieten? Trotzdem wird sich dieser Satz immer unbequem anfühlen. Deutschland hat mit dem Zweiten Weltkrieg die Weltgeschichte auf grausame Weise mitgeschrieben und eine Schuld auf sich geladen, die niemals vergessen werden kann und darf.

Auch heute noch gibt es Menschen in diesem Land, die rechtsextrem denken und Gewalt ausüben, sogar morden. Dagegen muss man mit aller Kraft vorgehen, und es wird zum Glück auch immer Leute geben, die das tun. Doch wer sagt, dass er Deutschland liebt, drückt damit nicht gleich eine rechte Gesinnung aus. Es gibt einen entscheidenden Unterschied zwischen Nationalisten und Patrioten: Nationalisten werten alles Fremde ab, Patrioten lieben ihr »Vaterland«. Und: Was man liebt, darauf passt man sehr gut auf. Man wertschätzt es und will es pflegen, erhalten und positiv mitgestalten. Dazu gehört auch, dass man negativen radikalen Tendenzen mit aller Kraft entgegentritt.

Ich möchte Sie mit diesem Buch auf eine Reise vor die eigene Haustür mitnehmen, und ich hoffe, dass Sie beim Lesen und danach Ihre Heimat genauso in vertrautem wie vielleicht auch neuem Licht sehen. Ich möchte Gästen und Zugezogenen schöne und interessante Seiten dieses Landes zeigen, die sonst vielleicht kein Reiseführer oder Tourist Guide so beleuchtet. Ich möchte für Aha-Momente sorgen und im besten Sinne Werbung für ein Deutschland machen, das ein modernes, weltoffenes und ganz einfach liebenswertes Land ist.

Juliane Gringer

KAPITEL 1

Typisch deutsch
Was ist dran an den Klischees?

Weil Deutschland Heimat ist

Immer wenn ich von einer Reise nach Hause komme, dann gibt es diesen Moment, in dem ich nicht mehr an all das denke, was gerade eben noch war und was ich unterwegs erlebt habe, sondern in dem ich mich auf das freue, was mich jetzt erwartet: mein Zuhause.

Der Bus und die S-Bahn vom Flughafen zu »meiner Haltestelle«. Die Großstadt, in der alles so weiterläuft, als sei nichts gewesen. Der Fußweg zum Haus, der Gemüseladen, das Kurzwarengeschäft und der Blumenladen, dann noch zwölf Schritte bis zur Haustür, aufschließen, links die Briefkästen, dann die Wohnungstür und diese Leere dahinter, die sich jetzt wieder Stück für Stück mit Leben füllt. Die Tasche im Schlafzimmer abstellen und noch nicht ausräumen, sondern später. Die Post durchschauen, aufs Sofa legen und durchs Fenster nach draußen gucken. In den Laden an der Ecke gehen, ein bisschen Obst und sehr viel Joghurt und ein schnelles Tiefkühlgericht kaufen. Der gleiche Verkäufer wie immer, auf der Straße dieselben Menschen, vertraut und fremd wie immer. Alles noch da, wo es war. Das ist Heimat. Die zweite neben der, in der ich aufgewachsen bin und wo noch heute meine Familie wohnt. Ich besuche sie regelmäßig, und immer, wenn ich dort ankomme, ist mir auch sofort alles ganz vertraut – mit einer kuschligen Selbstverständlichkeit fühle ich mich auch dann wohl und geborgen.

Der Ausdruck Heimat ist nicht nur für mich seit jeher mit Deutschland verknüpft. Er stammt vom germanischen Wort haima ab. Bis heute gibt es keine direkte Übersetzung dieses Begriffs in andere Sprachen, Wörter wie homeland bezeichnen lediglich das Land, aus dem man kommt. Anfangs eher ein juristischer Begriff, hat sich »Heimat« mit der Zeit emotional immer mehr aufgeladen – im positiven wie auch im negativen Sinne. In ihrem Deutschen Wörterbuch von 1877 nennen die Brüder Grimm es »das land oder auch nur der landstrich, in dem man geboren ist oder bleibenden aufenthalt hat« und »der geburtsort oder ständige wohnort«.[1]

Der Besitz von Haus und Hof ist im Mittelalter das, was man Heimat nennt. Zur Zeit der Industrialisierung sehnen sich die Menschen zurück nach so einem Zuhause, die Romantik bringt die »Heimatdichtung« hervor, die in der Natur nach Geborgenheit sucht. Im 19. Jahrhundert wird der Begriff durch die Nationalbewegung politisch, man vermisst die Einheit des Staates.

Die Nationalsozialisten schließlich bringen die Wende: Sie missbrauchen »Heimat« im Rahmen ihrer agrarpolitischen Blut-und-Boden-Ideologie, die auch für Adolf Hitlers Proklamation steht, der »deutsche Boden« sei nur für »Arier« bestimmt. Heimat bedeutet Deutschsein, alle anderen werden daraus ausgeschlossen.

Nach dem Krieg wird das Wort wieder zum Begriff für Sehnsucht: Im Heimatfilm werden schöne Bilder gezeigt, die eine heile Welt zeichnen, die die Menschen im Krieg so lange vermisst haben. Doch »Heimat« ist noch lange Zeit negativ besetzt. Unter anderem gilt es als spießig und rückwärtsgewandt, sich darauf zu besinnen und gar von Heimatgefühlen zu schwärmen.

Im neuen Jahrtausend jedoch bekommt die Heimat ihre Chance auf ein Comeback und nutzt sie. Die Sehnsucht nach einem Zuhause ist wieder groß – nach dem Ort, aber vor allem nach dem Gefühl. Von kitschigen Bergpanoramen hat man den Blick abgewendet und schaut auf das, was die Heimat im Herzen ausmacht. Man besinnt sich auf Ursprünglichkeit, Natürlichkeit und Einfachheit. »Home is where the heart is«, sagt man im Englischen. Und das Herz schlägt nun mal meistens für den Ort, aus dem man kommt.

Weil die Deutschen sehr ordentlich sind

Wäre dieser Punkt ein Kriterium für die deutsche Staatsbürgerschaft, dann müsste ich sofort meinen Pass und Ausweis abgeben und würde beide Dokumente wohl niemals wiedersehen. Ich gehöre eindeutig zur Fraktion »kreatives Chaos«. Ich staple die vielen Dinge meines alltäglichen Lebens, wo immer auch Platz für einen Stapel ist. Der Stapel ist dann ganz korrekt auf Kante gesetzt, umfallen tut der so leicht nicht – aber es ist und bleibt ein Stapel. Und wo immer sich schon wie von selbst ein kleiner Stapel gebildet hat, da türme ich fleißig weiter auf. Bücher, Zeitungen und Zeitschriften, wichtige Unterlagen, hoffentlich nicht so wichtige Unterlagen und auszufüllende sowie abzuschickende Unterlagen – alles kreuz und quer durcheinander. Klamotten und andere Sachen ohne richtige Ecken und Kanten werden genauso gestapelt und aufgetürmt.

Kurz bevor so ein Bauwerk umzustürzen droht (oder manchmal leider auch doch erst kurz danach), packt mich dann ein gewisser Ehrgeiz, und ich trage die Schichten Stück für Stück wieder ab, sortiere, lege hierhin und dorthin, um letztlich wieder neue Stapel zu bilden, weil doch noch nicht alles seinen festen Platz hat. Die neuen Stapel haben dann wenigstens alle ein Thema, zum Beispiel »Büro«, »privat« oder »ab in den Müll«, aber nicht immer verschwinden sie damit automatisch aus dem Blickfeld, weil sich für einige Themen irgendwie niemals eine Location findet, an der sie fachgerecht verstaut werden können. Mindestens einer der Türme steht dann also doch wieder rum und zieht leider auch schnell neue Kumpane an.

»Verstauen und Ordnen«, diese Abteilung bei IKEA mit dem wohlklingenden Titel und all ihren Boxen, Zeitschriftenständern und Wäschesäcken ist eins meiner Lieblingsziele beim schwedischen Möbelkaufhaus: Auch ich wandle dort regelmäßig gern durch die Gänge und shoppe hier ein Skubb (»Fach mit seitlichem

Griff für einfaches Herausziehen und Umstellen«, im Dreier-Set für 17,99 Euro) oder da einen Pallra (Schachtel im Vierer-Satz für 16,99 Euro – »Ordnung halten fällt leicht mit diesen Behältern«) oder auch Signum (Kabelkanal waagerecht, silberfarben, »sammelt Computer- und Elektrokabel; so bleibt der Arbeitsbereich leichter übersichtlich«, 9,99 Euro).[2] Doch dem deutschen Klischee von Ordnung und Sauberkeit immer und überall kann ich persönlich leider auch mit gelb-blauer Unterstützung nicht gerecht werden.

Vielleicht wird die Messlatte durch meine deutschen Mitbürger aber auch tatsächlich einfach viel zu hoch gelegt. Vielleicht stimmt es, und die sind tatsächlich alle so superordentlich, dass ich mit meinen kleinen Unzulänglichkeiten gleich als Chaotin wahrgenommen werde. Ich kann also gar nichts dafür. Alles ist relativ sozusagen. Und ich dosiere meine Unordnung ja auch relativ maßvoll – die wichtigsten Dinge finde ich immer, sei es auch manchmal nur durch stundenlanges oder sehr hektisches Suchen, das von üblem Fluchen begleitet wird. Ich bin dann selbst immer überrascht, was für Worte der Wut über meine Lippen kommen können.

Außerdem fällt mir auf: Auch ich mag es ausgesprochen gern ordentlich. Ich liebe die Ästhetik perfekt gefalteter Handtücher im Schrank, die Buchrücken in meinem Regal sind nach Farben sortiert, und wann immer ich eine hübsch eingerichtete Wohnung betrete, deren Besitzer offensichtlich das Prinzip Ordnung beherrscht und auch umsetzt, fühle ich mich sofort wohl. Ich beneide vor allem die Menschen, die nur eine sehr übersichtliche Anzahl von Dingen in ihr Leben lassen. Dann fällt Ordnung halten bestimmt leichter. Aber als jemand, der zum Beispiel mehr als ein Buch pro Jahr liest und Bücher auch selbst kauft und nicht nur von Freunden oder aus der Bücherei leiht, kommt über die Jahre einiges an Material zusammen.

So einem Stapel lässt sich außerdem ja auch ein gewisses Ordnungsprinzip nicht absprechen. Eigentlich bin ich also schon sehr ordentlich, nur leider etwas zu faul dazu, das konsequent zu verwirklichen. Damit entspreche ich also wieder dem Klischee vom

»ordentlichen Deutschen«, behaupte ich jetzt einfach mal. Leider erfülle ich damit nur nicht das Klischee des »immer fleißigen Deutschen« – aber das ist dann ein anderes Thema.

Weil Auswandern meistens nicht gut geht

Man ist vielleicht gerade mal einfach genervt von allem und denkt dann, das Land, in dem man lebt, sei schuld. Und man träumt ja auch schon lange davon, mal woanders zu leben, und damals im Urlaub, in Spanien, das war doch so schön, und da unten scheint auch immer die Sonne, und die Menschen sind so nett und viel offener als die Deutschen. Ja, warum eigentlich nicht? Warum kann man sich nicht mal was trauen, alte Schuhe ausziehen, zu neuen Horizonten aufbrechen, man lebt doch nur einmal, nur wer wagt, gewinnt ... Also beschließt man, einfach mal was Neues zu wagen.

Weil das doch auch mal sein muss und sich gut und ein bisschen verrucht anfühlt. Dann schwärmt man vielleicht noch allen seinen Freunden vor, wie man sich sein zukünftiges Leben im Paradies so vorstellt, und nervt sie mit Meckerei über ihre »typisch deutsche« Engstirnigkeit. Irritierte Gesichter werden ignoriert, man schaut gar nicht hin, weil der eigene Blick so verklärt ist von der Vorstellung von dem tollen, glücklichen Leben, das einen in der Ferne erwarten wird. Egal wie, Hauptsache schnell weg hier!

Also verkauft man die Anbauwand und den Flokati-Teppich bei eBay, was gut passe, erklärt man, weil man sich sowieso freimachen wolle von allem Ballast. Falls Ihnen das mal passiert, seien Sie beruhigt, das ist alles völlig okay und kann schon mal vorkommen. Aber dann begehen Sie bitte nicht den schlimmsten aller Fehler und rufen Sie das Fernsehen an, ob die Sie nicht auf dem Abenteuer Ihres Lebens begleiten wollen.

Das wollen die nämlich bestimmt gern, weil sie wissen, wie gut es bei ihren Zuschauern ankommt, wenn sich auf dem Bildschirm jemand kräftig amüsiert. Sie wären wirklich nicht die Ersten, deren Scheitern beim Auswandern peinlichst genau dokumentiert und zum Auslachen freigegeben worden wäre.

Im Fernsehen gibt es dann nämlich die bittere Realität zu sehen, wenn man bei der Ankunft in der neuen Heimat begleitet wird: Dass so ein Umzug ins Ausland etwas mehr Planung bedeutet, als bei »Umzugshannes« anzurufen und drei Kartons zu packen. Dass es Kakerlaken nicht nur im Fernsehen gibt und dass sich auch spanische Makler auf die Kunst verstehen, tolle Fotos von Wohnungen ins Netz zu stellen, die in Wirklichkeit verdammt mies aussehen, und pikante Details wie »liegt direkt an der Autobahn« gern mal vergessen zu erwähnen. Und dann – huch! – sprechen die nicht mal alle deutsch da im Paradies, wenn man sich jetzt aber mal richtig beschweren will. Und bei Ämtern wartet man dreimal so lange wie zu Hause, aber am Ende des Tages hat man immer noch nicht den Stempel, den man braucht. Und der Stundenlohn, den man fürs Jobben im Café bekommt, der ist auch nicht gerade üppig, sondern man könnte ihn eher Hungerlohn nennen. Oder die Geschäftsidee vom Restaurant mit deutscher Küche direkt am Strand ist doch nicht so gefragt. Und irgendwann ist man wieder an dem Punkt, wo man einfach genervt ist von allem, und man hat sich das ja auch alles ganz anders vorgestellt, woher sollte man es denn auch besser wissen. Und na ja, jetzt ist irgendwie wieder an allem das Land schuld, in dem man lebt …

All diese Menschen, die regelmäßig auf den deutschen Bildschirmen bei ihrer Flucht aus der Heimat begleitet werden, sind auf der Suche nach dem Glück. Doch was hindert sie daran, es zu finden? Deutschland hat sie ganz sicher nicht davon abgehalten.

Weil man auch gleich hier Urlaub machen kann

Die hundertste Kirche, das fünfzigste Museum, der tausendste Sonnenuntergang: So ein Urlaub im Ausland ist schön, spannend, lehrreich – keine Frage. Doch erstens gibt es das alles auch in Deutschland. Und zweitens verpasst man wirklich nichts, wenn man den Urlaub »nur« in der Heimat verbringt. Okay, man verzichtet auf anstrengende und/oder langwierige und/oder teure Fahrten (mitten in der Nacht/Rushhour/größten Hitze des Tages?) zum Flughafen, einen stundenlangen Aufenthalt dort inklusive sehr unbequemer Metallstühle und vieler sehr gelangweilt dreinschauender Mitreisender an der Seite, bringt sich nicht bei der Fahrt in klapprigen Bussen ohne TÜV-Siegel in Lebensgefahr und verpasst die Gelegenheit, sich von windigen Taxifahrern kräftig übers Ohr hauen zu lassen. Man verzichtet auch auf Tropenkrankheiten, nervige Strandverkäufer und Moskitos, deren Stiche nicht nur jucken, sondern sogar tödlich sein können. Dafür bekommt man: eine spannende Mischung aus Vertrautheit und Neuem.

Natürlich sollte man sich immer mal rauswagen aus den eigenen vier Wänden, Grenzen überschreiten, auf bisher unerforschten Pfaden wandern ... – ja, ja, nun hören Sie schon auf! Wer sagt eigentlich, dass man dazu gleich das Land verlassen muss? Der Urlaub im Ausland ist oft auch nicht wahnsinnig originell, vor allem weil allein die Logistik einen Großteil der Energie verschlingt, von der an den schönsten Tagen des Jahres eigentlich oft nicht mehr viel übrig geblieben ist. Ob man im Mittelmeer segelt, auf peruanische Berge klettert oder an der Nordsee wattwandert – Reisen ist Reisen, nicht weniger und vor allem nicht mehr. Heißt es nicht auch »Erholungsurlaub«? Warum muss man dann Dinge auf sich nehmen, die man in seinem ohnehin schon stressigen Alltag niemals tun würde: zum Beispiel 6.000 Treppenstufen hinauf auf den heiligen Berg Tai

Shan in der chinesischen Provinz Shandong laufen. Im Büro nimmt man doch schon den Lift, wenn es nur in den zweiten Stock geht.

Außerdem ist eine Reise in heimische Gefilde eine gute Gelegenheit, um Wissenslücken zu füllen. Wie peinlich ist es einem doch oft, dass man gar nicht so genau weiß, wo Fontane nun genau wanderte, wo Bach musiziert hat oder wo Goethe dichtete, wie es in der Zeche Zollverein aussieht und ob Schloss Neuschwanstein wirklich so ein Kitschklumpen ist, wie die Postkartenbilder verheißen, oder vielleicht doch ganz schön. Machen Sie endlich Schluss damit, reisen Sie mal hin! Oft kennt man ja nicht mal die eigene Heimatstadt ganz genau. Es wäre also eine gute Idee, mal an einer Stadtführung teilzunehmen – doch wann soll man dazu Zeit finden, wenn man ständig in der weiten Welt herumtingelt und jede freie Minute nutzt, um zu flüchten?

Grundsätzlich reisen die Deutschen sehr gern, auch in finanziell knappen Zeiten halten sie an ihrem »wohlverdienten« Urlaub fest. Und dann darf es vor allem gern Spanien sein, sagt die Statistik – ein Schalk, wer da nur an Mallorca denkt. Oder die eigene Heimat, die ist wirklich ein sehr gern bereistes Ziel der Deutschen selbst. Besonders oft reisen die Menschen hierzulande an die Nordsee oder in die Berge.

Die Liste der Vorteile für »Daheimbleiber« ist lang. Die Anreise an den Urlaubsort ist zum Beispiel innerhalb Deutschlands meist deutlich kürzer und deshalb auch günstiger: Die Bahnfahrkarte kostet in der Regel doch noch weniger als ein Flug. Man schont dabei ganz nebenbei das Klima. Oder man kann das eigene Auto einfacher mit ans Ziel nehmen und ist damit flexibler und auch wieder billiger unterwegs. Noch ein Kostenfaktor für besonders sparsame Reisende: Anrufe nach Hause belasten die Telefonrechnung kaum. Eher ängstlichen Zeitgenossen kann man außerdem noch mit auf den Weg geben: Der Urlaub in Deutschland bedeutet, dass sie jederzeit einen deutsch sprechenden Arzt antreffen werden, der sie bei Vorlage ihrer Krankenkassenkarte auch gern behandeln wird – ohne Extraversicherung und Vorauszahlung in bar. Man braucht keine Angst vor windigen Medizinmännern oder alles andere als sterilen Geräten zu haben, mit denen einem ja nur mal schnell der Blinddarm entnommen werden soll (was hat der Arzt jetzt genau gesagt, warum hat das Wörterbuch kein Kapitel zu Notoperationen … ?)! Das klingt jetzt alles ein bisschen spießig? Ja, aber wenn man sich das alles erspart, dann bleibt auch einfach mehr Zeit für Erholung.

Nicht zuletzt trifft man bei Reisen durch Deutschland Touristen aus anderen Ländern und kann mit ihnen über das eigene Land ins Gespräch kommen sowie selbst stolz berichten oder auch mit Vorurteilen abrechnen. Außerdem gibt es da doch immer einen entfernten Verwandten, ehemaligen Studienkollegen oder die beste Freundin aus Kindertagen im Sauerland, an der Nordsee – oder noch besser: in München, Hamburg oder Köln! –, die man immer schon mal besuchen wollte, aber ganz ehrlich jetzt. Na dann: Nichts wie los! Ganz ehrlich: Jetzt!

Aus all diesen Argumenten können sich Deutschlandurlauber ein dickes Fell stricken, das sie vor Neid auf die Weitgereisten schützt: Die fiesen Mitbürger, die dann nach den Sommerferien mit Sonnenbrand in der Kantine sitzen und lautstark von wilden Krokodilen, Kamelausritten und knackigen Beach-Bekanntschaften schwärmen. Pah, braucht man doch alles nicht, wenn man Deutschland gesehen hat!

5. GRUND

Weil Socken in Sandalen irgendwann doch Trend wurden

Es war lange Zeit die viel belächelte Uniform des männlichen deutschen Durchschnittstouristen: Mit einem weißen Feinripp-Hemd, das stark über dem Bierbauch spannte, in abgetragenen Bermudashorts, mit Käppi auf dem Kopf und Fotoapparat um den Hals entstieg er dem Reisebus am aktuellen Haltepunkt des Programms.

Wenn er sich ins Getümmel der Touristen aus anderen Ländern mischte, dann konnte er mit diesem Look schon mal untergehen. Aber ein Erkennungszeichen war immer ein ganz eindeutiges Indiz für seine Herkunft und gleichsam seinen schlechten Geschmack: die bequemen Trekking- oder auch Birkenstocksandalen, die barfuß vielleicht gerade noch zu ertragen gewesen wären, aber nein, der deutsche Tourist zog sich lieber Socken über die Füße, bevor er hineinschlüpfte und die Must-sees von Akropolis bis Eiffelturm unsicher machte. Es waren bevorzugt weiße Tennissocken, obwohl ihre Träger immer unter dem Verdacht standen, noch nie in ihrem Leben einen Tennisplatz betreten, geschweige denn ein Match gespielt zu haben. Dabei fragte man sich auch, was der Träger bezweckte: Es mag etwas bequemer sein, Sandalen mit Socken zu tragen. Andererseits sind frische Luft und Sonne auf der Haut doch auch ganz angenehm. Wir sollten zwar teilweise dankbar sein, das Kleidungsstück ersparte uns schließlich den Anblick grober Männerfüße, denen das Prozedere der Pediküre nicht geläufig sein dürfte. Doch man will nicht wissen, wie viel Energie verschwendet worden sein muss, um die weißen Socken nach einem staubigen Fußmarsch auch wirklich wieder weiß zu waschen – wenn sie nur aufgebracht wurde, auch schmutzige Exemplare wurden offen zur Schau getragen. Da ist ein Fußbad doch immer einfacher und effektiver durchzuführen.

»Socke in Sandalen« war jedenfalls lange Zeit das Synonym für den schlechten deutschen Modegeschmack. Bis zum Jahr 2007, als auf einer Modenschau von Prada plötzlich sexy Männer in Sandalen über den Laufsteg gingen – und doch tatsächlich Socken trugen! Es handelte sich nicht um das Modell »Tennis«, sondern um fein gestrickte Strümpfe, farblich passend abgestimmt. Damit war der Bann gebrochen: Die Socke war plötzlich stylish und lag hochoffiziell sogar im Trend. Junge, attraktive Kerle ohne Bierbauch setzten sie fortan als Accessoire ein – immer mit einem Hauch von Ironie, das versteht sich von selbst. Doch gleichzeitig passierte, was immer geschieht, wenn etwas Trend wird: Eben noch fand man es superhässlich, dann gewöhnt man sich irgendwie dran, findet es am Ende gar richtig chic und will es vielleicht sogar selbst tragen. Dazu braucht es jedoch immer eine Vorlage: Hier war es der deutsche Mann, der nicht nur zur Sandale, sondern auch gleichzeitig zur Socke griff. Vielleicht hat er da was geahnt …

6. GRUND

Weil Meckern auch Spaß macht

In Süddeutschland wird »gegrantelt«, in Norddeutschland »schanfuudert«, überall »motzt« man: Der Deutsche meckert ganz gern. Ihm scheint eine chronische Unzufriedenheit mitgegeben zu sein, die er ziemlich offen zum Besten gibt. Und es gibt ja auch einiges zu bemängeln: das Wetter (Sonne, Regen, Wind, zu kalt, zu warm, zu trocken, zu nass) und den Wetterbericht (stimmt doch nie, denken die sich das etwa alles aus?), die Nachbarn, die Politik, die Reichen, die Sozialschmarotzer, die Lehrer der Kinder, die Sporttrainer der Kinder, die Kindergartenerzieher der Kinder, die nervigen Freunde der Kinder, die eigenen Freunde, die lieben Verwandten, die Jugend, die Alten, die Autofahrer, die Radfahrer, die Fußgänger, matschige Bananen im Supermarkt und Reis schon wieder ausverkauft, die lange Schlange an der Kasse und die Kassiererin könnte ja auch mal lächeln, der nervige Chef, die langsame Kollegin, das miese Kantinenessen (diese zerkochten Kartoffeln und soll das eine Soße sein?), das miese Essen zu Hause, das miese Essen auf dem Hotelbuffet, das miese Essen im ICE (und dann so teuer?), Lebkuchen schon im August, überall nur noch Weihnachtsmusik im Dezember, muss sich zum Fest alles nur um Geschenke drehen, Streit unterm Baum, schlechte Radioprogramme, mieses Fernsehprogramm sowieso, Moderatoren im Fernsehen (zu doof), Moderatoren im Radio (zu nervig), die GEZ-Gebühr (wofür zahlen wir die eigentlich?), Strafzettel am Auto, kein Parkplatz vor dem Haus, jeden Abend wieder, teure Tickets für die öffentlichen Verkehrsmittel und dann ist die U-Bahn auch immer noch so voll, der eine Sitznachbar niest einen an, der andere müffelt, der nächste telefoniert so laut, Schienenersatzverkehr, kein Kleingeld für den Automaten, der Automat frisst den Schein nicht, die Deutsche Bahn, die Deutsche Post, die Deutsche Telekom, die Deutsche Bank, samstags shoppen in der Fußgängerzone, volle Supermärkte vor Feiertagen, teures Bio-Obst und teures Bio-Fleisch (und ist das überhaupt wirklich alles bio?), Schnupfen, Grippe, Rückenschmerzen, Kopfschmerzen, volle Wartezimmer beim Arzt, dann wird man in fünf Minuten abgefertigt und die Medikamente muss man in der Apotheke auch noch selbst bezahlen, der Kollege ist auch ständig krank, überall wird gespart, alles wird teurer (Strom, Wasser, Gas), die Mieten steigen, nur das Gehalt nicht, warum duzen mich alle bei IKEA (ich kenn die doch gar nicht), warum werde ich plötzlich überall gesiezt (so alt bin ich doch noch gar nicht), Facebook nervt, E-Mails nerven, Handys nerven, aber vor allem, wenn mal wieder der Akku leer ist und das Ladegerät zu Hause liegt, wie schön war doch alles in der Zeit vor Handys und Computern, und der Drucker spinnt auch schon wieder, der eigene Mann (unkommunikativ), die eigene Frau (zu kommunikativ), die Kinder (zu laut, zu frech, zu zappelig), die Eltern (anstrengend), die beste Freundin (schon wieder Liebeskummer, immer noch wegen diesem bescheuerten Typen), der beste Freund (schon wieder 'ne Neue und was ist das für 'ne blöde Pute?), Politessen (überflüssig), Polizisten (haben leider immer recht), Strafzettel, Blitzer, Versicherungsvertreter (penetrant), die Zeugen Jehovas (ich geh einfach nicht mehr an die Tür), der Paketbote (kauft der Typ aus dem Vorderhaus das ganze Internet leer?), Spendensammler (sind die seriös?), Zeitungstestaboverkäufer (da vergesse ich sowieso, das rechtzeitig zu kündigen …), Straßenumfragen, Warteschleifen, Abstellgleise, Schlaglöcher, Pfützen, Hundehaufen, Glatteis, wo ist dieser verdammte Schlüssel hin, Glühbirne kaputt, Wasserhahn leckt, wieder die falschen Beutel für den Staubsauger gekauft, das Bild muss endlich an die Wand und das Fahrrad repariert werden, Winterreifen, Sommerreifen, Winter, Sommer, Frühling, Herbst, Vollmond …

… aaaah, das tat gut!

7. GRUND

Weil die Deutschen (fast immer) pünktlich sind

Kommt ein Deutscher in Mexiko an die Bushaltestelle und wundert sich, dass der Bus nicht pünktlich kommt. Das »Hahaha« der Einheimischen bei diesem »Witz« könnte man quer über den Atlantik schallen hören …

Wer hält sich denn bitte schön an Zeiten und Pläne? Pünktlichkeit ist in vielen Kulturen nichts, womit man sich groß beschäftigt, und kein Wert, der sich anzustreben lohnt. Man nimmt das Leben dort eben so, wie es passiert, und schert sich nicht um banale Umstände wie die Uhrzeit. Wenn der andere aufgehalten wurde, dann wird das schon einen guten Grund haben. Und warum so hetzen? Es geht doch alles auch eine Spur langsamer. Leider nehmen sich in solchen Kulturen dann auch Busfahrer und andere Menschen, auf deren Dienstleistung man manchmal dringend angewiesen ist, dieses Recht heraus. Auch private Verabredungen werden dort häufig höchstens lose getroffen und auf gar keinen Fall lange Zeit voraus. Das ist auch nicht nur ein typisch südamerikanisches Phänomen: Eine Kollegin reist zum Beispiel regelmäßig beruflich nach Island, und eigentlich weiß sie bis direkt vor dem Abflug nie, ob sie dort alle Menschen wird treffen können, die sie treffen will. Die verabreden sich nämlich nur sehr ungern zu festen Terminen – und schon gar nicht eine Woche oder sogar einen Monat vorher. Jedes Mal wieder heißt es also für sie, eine meist pünktliche und gut organisierte Frau aus Deutschland, die Ruhe zu bewahren und in dieser scheinbaren Unverbindlichkeit darauf zu vertrauen, dass schon alles gut gehen und rechtzeitig passieren wird.

»Komm ich heut nicht, komm ich morgen«, sagt man hierzulande zum lockeren Umgang mit Verpflichtungen – und das steckt für viele Deutsche dahinter, wenn jemand die Zeiten nicht einhält, die man ausgemacht hat. Der Gedanke ist wohl: Wenn man es nicht mal schafft, zu einer vereinbarten Uhrzeit am Treffpunkt zu erscheinen, wie zuverlässig kann man dann noch in anderen Belangen sein.

Nix für mich, denkt der Pünktliche also, wenn er an den lässigen Umgang anderer mit der Zeit denkt. Und es fällt ihm ja auch leicht: Die Pünktlichkeit liegt den meisten Deutschen offenbar im Blut. Sie sind morgens Schlag neun Uhr im Büro, sie sitzen Punkt 20 Uhr vor dem Fernseher, um die *Tagesschau* zu sehen, und bei Verabredungen klingelt es wirklich zur vereinbarten Zeit an der Tür. Es sei denn, es handelt sich um eine echte Party – da ist klar, dass es völlig uncool ist, pünktlich zu sein und genau zu der Zeit zu erscheinen, die in der Einladung steht.

Abseits von solch illustren Ausnahmen ist das akademische Viertel meist das höchste, das der pünktliche Deutsche gut ertragen kann, der sich selbst trotz allem nicht als pedantisch, sondern nur als »gut organisiert« einschätzen würde. Verspätungen machen ihn nervös. Spießer eben. Aber der gemeine Spießer ist ja erstens gar nicht so schlimm wie sein Ruf (darum geht es im folgenden Kapitel) und zweitens hat Pünktlichkeit eben auch eine Menge Vorteile. Das gesamte gesellschaftliche Leben funktioniert besser, wenn sich alle auch nur einigermaßen an vereinbarte Zeiten halten – von zwanghafter Pünktlichkeit auf die Minute genau redet ja hier niemand. Es zeugt von Respekt, wenn ich Freunde nicht ewig im Café warten lasse oder der gemeinsame Ausflug zum Baggersee starten kann, bevor die Sonne untergeht. Und letztlich fühlt es sich auch für mich besser an: Das schlechte Gewissen, schon wieder zu spät zu sein, kann man sich ersparen, indem man einfach mal pünktlich losgeht.

Kurzum: Pünktlichkeit hat vielleicht ein blödes Image und die Unpünktlichen halten sich für besonders lässig und frei. In Wahrheit sind sie doch aber permanent gehetzt und unzufrieden. Es lohnt sich also, »on time« zu sein – es macht das Leben nicht anstrengender, sondern sogar leichter und zwar für alle Beteiligten.

8. GRUND

Weil hier so viele Spießer leben

Kein anderes Volk gilt als so spießig wie die Deutschen, sie haben die Spießigkeit angeblich sogar erfunden, sagt man. Andere Länder haben Beschreibungen für diese langweilige, unentspannte Überkorrektheit, aber diese Begrifflichkeiten sind längst nicht so abwertend gemeint: In der Schweiz spricht man vom Bünzli, in England vom Square und in Frankreich vom Bourgeois. Ich finde, das klingt alles eher liebevoll, im Gegensatz zum scharfen, beißenden ß des Spießers.

Der Brockhaus erklärt den Spießer so: »Engstirniger Mensch, der sich an überlebte Anschauungen und moralischen Grundsätzen orientiert, Neuerungen und Fortschritte ablehnt und seinen sozialen Status verteidigt.«[3] Klingt nicht nach einem besonders angenehmen Zeitgenossen.

Eines der Bilder, die man beim Stichwort »deutscher Spießer« sofort vor Augen hat, zeigt einen Senioren in der Kleingartenanlage, wie er – mit wampertem Bierbauch und in speckigem Feinripp-Hemd sowie ausgetretenen »Bio«-Latschen – argwöhnisch über den Zaun linst, ob der Nachbar hier auch ja die vorgeschriebene Abstandsbreite der Beete nicht unterschritten und doch wohl bitte den Rasen ordnungsgemäß gemäht hat. Oder den kühlen Beamten, der sich auf seinem Schreibtisch hinter hohen Stapeln von Aktenordnern versteckt und auf menschliche Fragen nur ein Paragrafen-Stakkato erwidert. Peinlich genau ist zum Beispiel auch in Mehrfamilienhäusern ohne Reinigungsservice der spießige »Kehrdienst« einzuhalten. Eltern, die sich jahrelang daran gehalten haben, schicken dann Söhne und Töchter in die Welt, die in der ersten eigenen WG so richtig schön gegen diese alte Konvention rebellieren können. Dort, wo man es gerade noch schafft, den Schimmel in Schach und die Kakerlaken fernzuhalten, wo man sich über Abwaschdienst und Sätze wie »Du warst dran mit Kloputzen« streitet, da ist ein gekehrtes oder nicht gekehrtes Treppenhaus nun wirklich das geringste Problem in der zwischenmenschlichen Interaktion.

»Es muss halt alles seine Ordnung haben«, wird der Spießer immer wieder seinen Kritikern mit ruhiger Stimme und selbstbewusstem Blick erwidern und das Schlimme daran ist: Er hat ja recht. Schließlich haben wir es alle ganz gern, wenn es sauber ist und auch bitte schön Ruhe im Haus herrscht, weil wir morgen früh raus müssen. Spätestens wenn man einer geregelten Arbeit nachgeht, Kinder bekommen hat oder schlicht älter wird, weiß man eine bestimmte Dosis Spießigkeit in seinem Leben doch sehr zu schätzen. Und dann muss eben die Polizei die Studentenparty einen Stock höher um drei Uhr beenden – was soll's, die wissen doch schließlich, was erlaubt ist und was nicht, und haben dann aber auch mal genug Spaß gehabt, Himmelherrgott. Dass man selbst dabei als Anrufer dem Spießertum ein entscheidendes Stück näher gerückt ist, nimmt man für tiefen, ungestörten Schlaf dann auch gern in Kauf.

Ich selbst wusste, dass das Spießertum schon fast unbemerkt, aber umso kräftiger Besitz von mir ergriffen hat, als ich nach einem Umzug in eine neue Wohnung aus Sorge vor Dreck und Zerstörung keine Einweihungsparty mehr geben wollte. Ich wollte erst feiern und alle einladen und freute mich auch darauf, aber dann sah ich vor meinem geistigen Auge kippende Rotweingläser, rieselnde Chipskrümel und spitze Hacken, die sich ins Parkett bohren würden – und wusste, dass ich mich über die Folgen eines so feucht-fröhlichen Abends viel zu lange würde ärgern müssen. Nein, das ging wirklich nicht! Die nur einzeln oder paarweise eingeladenen Freunde müssen seitdem an der Tür auch stets die Schuhe ausziehen. Einzig einen Beutel mit einem Vorrat an »Hauspuschen« habe ich noch nicht installiert – wo gibt es so etwas eigentlich zu kaufen?

Klingt alles langweilig und doof? Man kann es aber auch so sehen: Spießertum, das bedeutet letztlich einfach die Besinnung auf Werte wie Ordnung, Pünktlichkeit und Sauberkeit. Und wenn alle danach handeln, wird das Zusammenleben ein gutes Stück weit aufgeräumter und damit leichter und harmonischer.

Weil hier angeblich saure Gurken am Weihnachtsbaum hängen

Vergangenes Weihnachtsfest habe ich am Weihnachtsbaum eines Freundes neben den üblichen Kugeln aus Glas, Lichterketten und silbrigen Lamettafäden ein ziemlich ungewöhnliches Exemplar von Christbaumschmuck entdeckt: eine saure Gurke! Etwa zehn Zentimeter groß, aus Glas geblasen, zerbrechlich wirkend wie eine »echte« Christbaumkugel, grün angestrichen und mit der typisch unregelmäßigen, knubbeligen Gurkenoberfläche – sah ziemlich echt aus! Aber was sollte das bitte darstellen?

Der Besitzer erzählte mir, dass er sie in den USA entdeckt und gekauft habe, wo das Ding weitverbreitet sei und man offenbar dem Irrglauben nachhängt, dass wir Deutschen uns alle eine saure Gurke an den Baum hängen. Ich hab so was jedoch hierzulande nie zuvor gesehen, diese Dekoration ist mir völlig fremd. Auch alle Landsleute, die ich danach gefragt habe, verbinden saure Gurken kaum mit Weihnachten und wären vor allem nie auf die Idee gekommen, sich so ein Lebensmittel – ob nun aus Glas oder nicht – an den Weihnachtsbaum zu hängen. Eine Recherche dazu brachte ebenfalls kaum brauchbare Ergebnisse. Tatsächlich scheint es sich hier um ein sehr großes transatlantisches Missverständnis zu handeln, das bisher keine Klärung fand: In Amerika wird die »Christmas Pickle«, wie die Gurke am Baum genannt wird, für deutsch gehalten, doch in Deutschland weiß kaum jemand davon.

Wir könnten nun beleidigt sein und sagen, solchen Quatsch machen wir nicht, was denkt ihr euch eigentlich da drüben?! Ist aber doch eine gute Idee, dieser grüne Schmuck – vor allem, weil sich die Amerikaner einen schönen Brauch dazu ausgedacht haben: Hängt man die Gurke an den Weihnachtsbaum, ist sie in dem Dickicht der grünen Nadeln kaum zu erkennen. Deshalb werden die Kinder dazu aufgefordert, sich dort zwischen dem Grün auf die Suche nach der »Christmas Pickle« zu machen. Wer sie zuerst entdeckt, hat sich damit ein zusätzliches Geschenk verdient! Damit auch die jüngsten Kinder eine Chance haben und die ältesten nicht mit einem Blick an den Baum die Gurke entdecken und gelangweilt herunterzupfen, soll es die Gurken in unterschiedlichen Größen geben: große Gurke – einfach zu finden, minikleine Gurke – sehr schwer zu finden. Klare Sache. Aber es kommt wohl auch auf den Baum an – der ist ja leider nicht immer so gut gewachsen, dass man was darin verstecken kann. Probieren Sie es doch zum nächsten Fest mal aus: Einen besonders schönen, dicht gewachsenen Baum aussuchen, 'ne Gurke aufhängen und den Startschuss geben. Und wer das grüne Ding nicht findet, kriegt keine Geschenke …

Zu Hause einen Weihnachtsbaum aufzustellen und zu schmücken, das gilt übrigens zu Recht als eine deutsche Erfindung, die sich im 19. Jahrhundert hierzulande entwickelt hat und dann in die weite Welt hinausgetragen wurde. Heute ist der Nadelbaum mit Lichtern, Lametta, Kugeln und Figuren in vielen Ländern das ultimative Symbol für das Weihnachtsfest. Wo dann überall saure

Gurken aus Glas an den Zweigen hängen und wer diese schräge Idee wirklich hatte, das wird wohl ein Geheimnis bleiben.

Weil schlechte Laune, aber auch Freundlichkeit, hier ernst gemeint sind

So mancher deutsche Muttersprachler mag einem Amerikaner schon auf dessen so offen und scheinbar voller Interesse gestellte Frage »How are you?« ausführlich sein Herz ausgeschüttet und sich dann über dessen irritierten Gesichtsausdruck gewundert haben. Dass ein »Wie gehts dir?« nicht wirklich ernst gemeint ist, sondern lediglich eine oberflächliche Floskel, die man mit einem möglichst begeisterten »I'm fine!« oder »Great, thank you!« zu beantworten habe, passt einfach nicht zu unserer Vorstellung von Freundlichkeit und Respekt vor den Mitmenschen. Auch wenn »Wie gehts?« hierzulande ebenfalls zu einem überstrapazierten Satz geworden ist, so wollen wir, wenn wir schon fragen, doch in der Regel zumindest wirklich wissen, was es beim Befragten Neues gibt – von Eheproblemen, schlechter Laune, nervigen Verwandten, nässendem Hautausschlag und ähnlichen Fisimatenten des Alltags muss er ja dann bitte nicht gerade berichten, aber ein paar persönliche Details dürfen es schon sein. Und wenn sie uns wirklich nicht interessieren, dann fragen wir ja gar nicht erst.

Die interkulturelle Kommunikation ist eben ein sehr schwieriges Fach. Im Gespräch mit einem Franzosen, der seine Sorgen ausschweifend beschreibt und in viel zu viel gutem Wein ertränken will, muss man den Deutschen davon abhalten, psychologische Notfallhilfe anzufordern. Dass jemand so jammert und am Ende doch nur eine gepflegte Melancholie dahintersteckt, die mit dem Anbruch des nächsten Morgens, einem knusprigen Croissant und einem Café au Lait schon schnell wieder vergessen ist, das kennt man hierzulande ebenfalls eher nicht und kann sich diese überschäumenden Gefühle auch gar nicht erklären. Oder wenn sich im Sommer an der Adria-Küste ein junges Paar auf der Straße so lautstark in feurigstem Italienisch streitet, dass der Urlauber aus dem Sauerland glaubt, hier stehe gleich eine Beziehungstat bevor, dann muss man ihn bremsen, bevor er eingreift und sich zwischen die Fronten wirft oder gar die Polizei verständigt, und ihm vielmehr zu Geduld raten. Dass die beiden sich tatsächlich kurz darauf leidenschaftlich küssen, einander wieder feurig-verliebte Blicke zuwerfen und zusammen von dannen ziehen, um ihre Versöhnung zu feiern, lässt ihn schließlich ratlos zurück. Die haben doch aber eben noch …, das sah doch so gefährlich aus … Temperament wird das genannt! Nicht dass der Deutsche nicht auch eine gewisse Bandbreite an Gefühlen kennt und sogar von Zeit zu Zeit ausdrücken kann. Doch diese Offenheit ist ihm wirklich fremd.

Und das ist auch gar nicht schlimm, denn dann weiß man hier in Sachen Gefühlsintensität einfach, was man kriegt. Man kann viel sagen über oft schlecht gelaunte Deutsche, denen der Enthusiasmus der Amerikaner, die Leichtigkeit der Franzosen oder die Leidenschaft der Italiener fehlen. Aber eines ist sicher: Auf den Deutschen ist in puncto Laune einfach Verlass. Wenn er Miesepetrigkeit verbreitet, ist das genauso ernst gemeint, als wenn er einem mit einem freundlichen Lächeln begegnet. Und auf die schnelle Frage nach dem Befinden darf man ganz ehrlich antworten: »Wie gehts?« – »Ach ja, eigentlich gut, aber …«

KAPITEL 2

Einfach schön

Entdecke die Möglichkeiten

Weil Deutschland am Meer liegt

Stolze 2.389 Kilometer Küste hat Deutschland zu bieten. Da bleibt genug Platz, um sich mit seinem Handtuch ein schönes Plätzchen zu reservieren. Deutschland liegt am Meer, genauer gesagt gleich an zwei Meeren: Nordsee und Ostsee. Und diese Küste ist so vielfältig, dass man für den Rest seines Lebens dort jedes Jahr Urlaub machen könnte, und es wäre trotzdem immer ein Erlebnis.

Ich kanns am eigenen Leib beweisen: Seit etwa 15 Jahren fahre ich jedes Jahr mindestens zweimal an die Ostsee, am liebsten einmal im Frühjahr und einmal im Herbst. In der Vor- und der Nachsaison ist einfach mehr Platz am Strand, und dass man dann nicht mehr im Meer baden kann, ist mir schnuppe: Ehrlich gesagt ist mir das Wasser auch im Sommer fast immer zu kalt.

Als Studentin habe ich immer im Zelt direkt in den Dünen übernachtet, inzwischen komme ich eher im Hotel mit Frühstücksbuffet und eigener Dusche unter. Das ist dann das perfekte Wellnesserlebnis: mit ganz vielen Büchern für eine Woche einigeln und vor dem Frühstück und danach lesen, lesen, lesen. Nur zum Spazierengehen raus an die frische Luft und sich dick eingepackt den scharfen Wind um die Nase wehen lassen. Vielleicht noch in die Sauna, dann Fisch essen und müde ins Bett fallen. Klingt langweilig? Ist es auch und gerade deshalb super. An der Ostsee weiß man immer, was man kriegt: Wind, Sand, Wasser. Die perfekte Kulisse für sofortige Entspannung, einfach hinfahren und alles ist gut. Es ist immer ein bisschen wie nach Hause kommen und gleichzeitig doch neu und aufregend genug. Für aktivere Menschen gibt es dort außerdem ja auch mehr zu erleben: Wassersport, Radtouren, Wanderungen, Museen … Da findet jeder was!

Für die Bewohner von Hamburg und Berlin sind die Meere im Norden wie eine zweite Badewanne – auch wenn die Wassertemperatur selten wohlige Bereiche erreicht. Bei 16 oder 17 Grad machen die Urlauber schon Freudensprünge. Aber das sind ja auch Weicheier im Vergleich zu den Tapferen, die zum Beispiel beim »Neujahrsbaden« immer am 1. Januar eines Jahres die Gelegenheit für ein zünftiges Anbaden in der Ostsee nutzen: Bei Temperaturen schmerzhaft nahe null stürzen sich da wirklich Menschen in das eisige Wasser!

Die Ostsee ist vor allem extrem vielseitig. Sie bietet mit gleich drei (Halb)Inseln für jeden Geschmack etwas: Der kreative Darß lockt mit seinen feinen kleinen Orten, in denen Künstler und Seebären Tür an Tür wohnen. Das quirlige Usedom (von findigen Marketingleuten seiner angeblichen Romantik wegen auch »SchmUsedom« genannt) nahe der polnischen Grenze hat gleich drei Kaiserbäder (Heringsdorf, Bansin und Ahlbeck). Bereits König Friedrich Wilhelm IV. von Preußen hat hier geurlaubt. Und viele andere berühmte Köpfe wie Leo Tolstoi, die Brüder Mann oder Theodor Fontane waren da. Fontane schrieb 1863 an seine Frau Emilie: »Man hat Ruhe und frische Luft und diese beiden Dinge wirken wie Wunder und erfüllen Nerven, Blut, Lungen mit einer stillen Wonne.«[4] Auf Rügen – Deutschlands größter Insel – gibt es dagegen bekannte Sehenswürdigkeiten wie Kap Arkona mit seinen beiden Leuchttürmen zu sehen und die Kreidefelsen mit dem Königsstuhl – dem größten und bekanntesten Felsen, der im Norden der Insel weiß leuchtet. Fast jeder Ort hat seinen eigenen Charme: Heringsdorf, Zingst, Binz, Bansin, Ahrenshoop, Sassnitz, Zinnowitz, Travemünde, Kiel oder Flensburg – jede dieser Destinationen hat auch ihre eigenen Fans.

Wer es rau und lebendig mag, der findet aber auch zwischen Husum und Krummhörn an der kühlen Nordsee seine Lieblingsplätze. Dort kann man surfen, Wattwürmer sammeln und der Ebbe hinterherjagen. Die Nordsee öffnet sich zum rauen Atlantik hin, und deshalb braucht man schon ein bisschen starke Nerven, wenn es hier zehn Urlaubstage lang regnet und stürmt. Da heißt es, in der

Herberge einmummeln, sehr viel heißen Tee trinken, durchs beschlagene Fenster in die Ferne schauen, viele Runden *Mensch ärgere Dich nicht* spielen – und sich dann auch wirklich nicht zu ärgern. Denn spätestens am elften Tag bricht die Wolkendecke auf und präsentiert einen Strandtag, bei dem Malle und Konsorten einpacken können – und alle trübe Stimmung ist vergessen. Dann präsentiert man in St. Peter-Ording beim Beachvolleyball endlich voller Stolz den knackig durchtrainierten Sixpack in Badehose mit Hawaii-Muster oder schlürft den glitzernden Champagner im Strandkorb vor der Sansibar auf Sylt. Außerdem kann man von Land aus den Containerschiffen zuwinken, die Produkte »made in Germany« in die ganze Welt bringen. Und: Sogar mit Dubai und Co. kann die Nordsee mithalten, denn aus dem Meeresboden werden Erdöl und Erdgas gefördert!

Für den Norden Deutschlands ist vor allem auch die kurze Distanz zu den Küsten ein schlagendes Argument: In nur wenigen Stunden Fahrt ist man da, darf auf den Horizont gucken und im Sand liegen und denkt nichts mehr außer »schön«. Es gibt lecker Fisch zu essen, die Wellen rauschen und die Häuser haben schnuckelige Reetdächer. Klar, vom Süden Deutschlands aus fährt man eher nach Italien. Aber auch da kann man nicht ständig hinfahren, und auch die Affinität der Deutschen zum Süden ist kein Naturgesetz. Die Autokennzeichen M für München oder S für Stuttgart, werden nicht selten vor kleinen Hafenlokalen gesichtet – spätestens vor der Sansibar …

12. GRUND

Weil man hier so gut wandern kann

Ich habe es nie verstanden: Warum soll man irgendwelche Berge hochlaufen, um dann wieder runterzugehen? Wandern – was soll das denn bitte bringen? Spazieren gehen, okay. Aber das kann man direkt von der eigenen Haustür aus. Da muss man nicht diesen Riesenaufwand betreiben und etliche Kilometer fahren, um dann bei einer Wanderung auf einem Weg, der vielleicht extra danach benannt wurde, doch nur wieder geradeaus zu laufen, wenn auch mit Bäumen drum herum. Skifahren, Paragliden, Schneeschuhwandern oder was auch immer man rund um einen Berg alles für Unsinn verzapfen kann – das ergibt alles irgendwie Sinn. Aber Wandern? In meinen Augen reine Zeitverschwendung.

Und dann kam dieser Tagesausflug in den Bayerischen Wald mit meinen Exschwiegereltern. Er fand im Rahmen eines gemeinsamen Urlaubs statt. Ich kann leider nicht mehr rekonstruieren, wohin genau wir fuhren. Ich hatte nicht wirklich Lust auf den lange angekündigten »Wandertag«, der alle anderen schon einige Zeit davor in freudige Stimmung zu versetzen schien. Gleichzeitig war ich zum Glück recht naiv. Niemand trug eine besondere Ausrüstung, als wir in Richtung der geplanten Tour aufbrachen. So schlimm konnte das ja nicht werden.

Zwei Stunden später stand ich schweißüberströmt in einem sonnigen Tal – völlig fertig –, aber wir waren noch lange nicht am Ziel. Ich verfluchte alle meine Begleiter, den Erfinder des Wanderns und dass ich diese Schuhe angezogen hatte, von denen ich ernsthaft gedacht hatte, sie würden der Definition »festes Schuhwerk« entsprechen – ich knickte ständig damit um! Es tat weh, es machte keinen Spaß, es war doof. Diese miese Tour ging nicht nur bergauf, bergab, sondern einmal bergauf, hinab in ein Tal und dann gleich wieder steil hinauf. Wer sich so was ausdenkt? Keine Ahnung. Es gab keinen richtigen Weg, wir stapften mehr schlecht als recht über unbefestigte Pfade, ich blieb an Wurzeln hängen, stolperte und schimpfte. Dabei lagen noch gut 500 Meter bergauf vor mir. Es war anstrengend, es war langweilig, es kam mir völlig sinnlos vor. Ich lief zwar tapfer Schritt für Schritt vorwärts – was hätte ich auch sonst tun können, zurückzugehen war ja auch keine Option –, aber ich dachte die ganze Zeit nur daran, wann das alles endlich vorbei sein würde. Das ist wohl nicht ganz das, was Wanderfans als den Flow beschreiben, der sie angeblich beim Laufen lockeren Schrittes durch die freie Natur so betört. Erfahrene Männer und Frauen des Fachs hätten mir wohl einfach dazu geraten, das Ganze positiv anzunehmen und gar zu genießen. Zum Glück sagte aber während des Laufens niemand etwas Derartiges zu mir, ich hätte in dem Moment für nichts garantieren können. Die anderen waren alle zu sehr mit sich beschäftigt, mit fröhlichen Gesprächen und dem Ausweichen vor Stolperfallen, die sie belustigt und bestens gelaunt kommentierten.

Ich sollte diese miese Laune, an der ich selbst schuld war, bereuen. Denn dann kam dieser Moment auf dem Gipfel. Die letzten Schritte hinauf, das Ziel zum Greifen nah – da hat es mich tatsächlich erwischt. Der weite Blick, die klare Luft, der Himmel: So etwas Schönes hatte ich selten zuvor gesehen. Hier oben fühlte sich das ganze Leben so leicht an, alles ergab plötzlich Sinn. Und das in meiner Heimat! Dafür musste man nicht Tausende Kilometer weit fahren, Deutschland hat genug Berge und Aussichten. Ich konnte in diesem Moment die Schönheit erkennen, die in der Landschaft lag, und das Gefühl, es trotz aller Widrigkeiten bis nach ganz oben geschafft zu haben, war euphorisierend. Das machen wir ganz bald wieder, ja?

Zum Glück ist von fast jedem Ort in Deutschland ein Berg schnell erreichbar – manchmal ein höherer, manchmal ein niedrigerer. Vor allem natürlich in Süddeutschland – denken Sie nur an die unglaublichen Alpen! Dort kommt man am Thema Berg einfach nicht vorbei, und es wird dort auch zünftig zelebriert mit allem, was zur steinernen Romantik so dazugehört: Brotzeiten in Retro-Dosen und Wanderpässe, Trekkingstiefel und Funktionshosen, Berghütten und Thermosflaschen. Deutschland hat eine echte Wanderkultur, und es lohnt sich, sie zu entdecken!

Weil nicht alle hochdeutsch sprechen

Die Sachsen haben es nicht leicht. Ihr Sächsisch klingt in den Ohren der meisten Deutschen leider alles andere als »sächsy«: Die Mundart des östlichsten Bundeslands gilt als unbeliebtester Dialekt Deutschlands. Und alles lachte, als die Nachricht durch die Medien ging, dass eine Frau aus Sachsen nach Buchung einer Reise versehentlich ins französische Bordeaux geschickt wurde statt nach Porto in Portugal, wo sie eigentlich hinwollte. Sie klagte gegen den Reiseveranstalter und verlor. Die Sachsen haben es nicht ganz leicht. Ich habe in Leipzig studiert und bin anfangs immer noch kurz erschrocken, wenn sich in den Seminaren jemand zu Wort meldete und heftig sächselte. Mit der Zeit lernt man die charmanten Seiten des Dialekts kennen, die gibt es wirklich, man hört sich da rein! Aber dazu braucht es einiges an Geduld. Und ich lernte zu schätzen, dass ich ziemlich reines Hochdeutsch spreche – dabei bin ich nur wenige Kilometer von der sächsischen Landesgrenze entfernt aufgewachsen. Doch die trennt offenbar Welten.

Ebenfalls keinen guten Ruf haben Berlinerisch und Kölsch. Beide Dialekte gelten als schnoddrig, also unverschämt. Gleichzeitig ist weithin bekannt, dass die Landsleute mit dieser Art zu sprechen nichts Böses im Sinn haben, sondern vielmehr sehr freundliche Zeitgenossen sind. Der Dialekt fordert seinem Gegenüber etwas ab: Man muss den weichen Kern hinter der rauen Schale entdecken.

Andere haben es da einfacher: Sehr gemocht wird der Befragung eines Kölner Meinungsforschungsinstituts zum Tag der Deutschen Einheit 2012 zufolge dagegen Norddeutsch, es steht auf Platz eins der beliebtesten Dialekte, knapp gefolgt von Bairisch. Norddeutsch hat so schöne Worte hervorgebracht wie Ackerschnacker (Handy), Manchesterbüx (Cordhose), Kübütn (ein sehr neugieriger Mensch), Packebiern (Siebensachen) oder Kaesblatt (Tageszeitung).

Da ist »all up stee«, also alles in Ordnung, man redet manchmal Appeldwatsch (dummes Zeug) und droht, dass jemand »was aus der Armkasse kriegt«, wenn man ihm eine runterhauen will. Ein Dialekt, so rau wie die See und genauso schön.

Ein Bayer erzählt vom Däbb (Deppen) oder Aigschnabbda (ein Mensch, der schnell beleidigt ist), flucht ein deftiges Kruzidiaggn (»verflixt noch mal!«), motzt Leute, die er nicht mag, als oide Scheißhausfliagn oder Zipfeklatscher an. Er schimpft überhaupt gern, zum Beispiel aufs Wetter – Bluadshitz oder »Sauwetter«. Der bairische Dialekt hat wirklich erstaunlich viele Schimpfwörter hervorgebracht. Aber er kann auch anders und macht ein Kompliment, wenn er dantschig (hübsch angezogen) sagt, oder meint »Sex haben«, wenn er von aizipfen spricht.

Auch deutsche Muttersprachler kommen da oft nur noch schwer mit. Die deutschen Dialekte klingen oft schräg, sehr fremd und manchmal einfach lustig. Aber es ist wirklich faszinierend, wie eine Sprache solche unterschiedlichen Ausprägungen haben kann. Und überall hat man ein gutes Gesprächsthema, wenn man andere Landsmänner und -frauen danach fragt, wie sie in ihrer Ursprungsregion Brötchen (Semmel, Wecken, Schrippen, Weckle, Weckerl, Weggla, Rundstücke …), Wurst (Worst, Wurscht, Worscht, Wuesch …) oder auch das Endstück vom Brot (Kanten, Kruste, Koppe, Kipfe, Knäusle, Riebele, Scherzl, Ranken, Knäuschen, Ränftl, Knust …) nennen.

14. GRUND

Weil nicht alle Klischees zutreffen

Wie jedes Volk haben auch die Deutschen mit den Vorurteilen anderer Nationen ihnen gegenüber zu kämpfen. Sie gelten als diszipliniert und pflichtbewusst (sind also Spießer – siehe Grund Nr. 8), man sagt ihnen nach, sie haben keinen Humor (siehe Grund Nr. 95) und trinken immer nur Bier (na, wenn wir das beste brauen!?).

In einer Studie der Axel Springer AG und der Bauer Media Group wurden mehr als 31.000 Deutsche gefragt, wie sie sich selbst und ihre Mitbürger sehen und was ihrer Meinung nach an den Klischees, die über sie verbreitet werden, dran ist. 86 Prozent halten sich demnach tatsächlich für pflichtbewusst – sieben Prozent mehr als zehn Jahre zuvor. Den humorlosen deutschen Einsiedler-Typ, der sich hinter seinem Gartenzaun verschanzt, um ständig drüber hinweg zu meckern, kann es dagegen gar nicht so oft geben. Stolze 84 Prozent der Befragten halten sich nämlich für kontaktfreudig, treffen sich gern und oft mit Familie und Freunden, gehen auf Partys und in Kneipen. Da wird dann auch Bier getrunken, aber nur knapp 110 Liter – äh, im Jahr und durchschnittlich natürlich. Knapp die Hälfte der Befragten trinkt den berühmten Gerstensaft mehrmals wöchentlich. Der Deutsche versauert aber auch nicht hinter der Schaumkrone, sondern ist kulturell interessiert: 54 Prozent nehmen das kulturelle Leben als besonders wichtig wahr, rund 43 Prozent gehen regelmäßig ins Theater, besuchen Museen oder schauen sich Konzerte und Musicals an.

Ein paar Klischees kann ich noch aus eigener Erfahrung heraus widerlegen: Nicht jeder Deutsche hat Dirndl oder Lederhose im Schrank und isst zum Frühstück konsequent Weißwurst. Die meisten von uns »Krauts« mögen zwar Sauerkraut ganz gern, aber nicht ständig, die Frauen hier sind durchaus dazu in der Lage, sich die Achseln zu rasieren, wir tanzen gar nicht so schlecht, wir finden Hitler alles andere als gut, ich kenne mindestens einen deutschen Mann ohne Bierbauch und habe noch niemals auf Mallorca oder anderswo eine Liege am Hotelpool mit einem Handtuch für mich reserviert. Alles Quatsch!

Weil Durchschnitt sehr sympathisch sein kann

Wenn man als Firma einem Kunden etwas verkaufen will, dann sollte man möglichst genau wissen, wie dieser Kunde tickt. Die Hamburger Werbeagentur Jung von Matt nimmt das sehr ernst. Sie will sich ein Bild des durchschnittlichen Deutschen machen, um die Zielgruppe der eigenen Arbeit nie aus den Augen zu verlieren, und richtet deshalb streng nach Statistik ein Wohnzimmer ein, das den Querschnitt durch die »guten Stuben« von Flensburg bis München zeigen soll und unter www.jvm-wozi.de zu sehen ist. Das Zimmer gibt es seit dem Jahr 2004 in Hamburg, je nach Zeitgeist werden regelmäßig Details geändert – zum Beispiel Röhrenfernseher und Videorekorder raus, Flachbild-TV und DVD-Player rein.

Der Blick in »Deutschlands häufigstes Wohnzimmer« ist ein klein wenig beängstigend: eine Schrankwand aus hellem Holz, blaue Auslegware, ein Deckenfluter und eine Polstergarnitur, bestehend aus Ecksofa und Sessel (»in den vergangenen Jahren vor allem von terracotta- bis eierschalenfarben«). Das finden wir natürlich alles scheußlich und haben es auf gar keinen Fall selbst so stehen, aber ähnlich vielleicht schon mal bei Bekannten, Verwandten oder gar Freunden gesehen. Die Durchschnittsbewohner heißen jedenfalls Claudia und Thomas Müller, haben einen 16-jährigen Sohn, leben auf insgesamt 90 Quadratmetern und fahren einen acht Jahre alten VW Golf. Na, kennen Sie die nicht auch?

Aber hinter der Fassade der vermeintlichen Einfallslosigkeit verbirgt sich doch eine sehr sympathische Familie: An der Tür stehen ein paar Klappstühle für Besucher bereit, den empfangen die Müllers nämlich sehr gern. Herr und Frau Müller nennen sich gegenseitig »Schatz«, was vielleicht nicht unbedingt der handfeste Beweis für eine glückliche Ehe ist, aber auch nicht für das Gegenteil. Die Bilder von Kindern und Verwandten an der

Wand zeugen von Familiensinn. Die Raufasertapete, standardmäßig weiß, wird mit den Jahren in der Regel überstrichen, meist in Pastelltönen – man ist Veränderungen gegenüber also offen. Auch die Sofagarnitur wird alle acht Jahre ausgetauscht. Und ein Geheimnis bewahren sich die »Durchschnitts-Deutschen«, das kein Werbefuzzi dieser Welt für seine Arbeit nutzen kann: Was sich hinter den Türen der Schrankwand verbirgt, verweigert sich jeder Statistik. Es sei meist durchweg »autobiografisch geprägt« und deshalb nicht erfassbar, heißt es …

Weil es 55 Millionen Touristen hier auch sehr gut gefällt

In meiner Heimatstadt Berlin ist er allgegenwärtig: der Tourist. Er tarnt sich ganz gut in legerer Freizeitkleidung, die in dieser Stadt in der Regel nicht groß auffällt, aber man erkennt ihn sofort an eindeutigen Features: In bequemem Schuhwerk und mit Rucksack auf dem Rücken, schaut er meist nach oben – zum Beispiel Richtung Fernsehturm oder abwechselnd suchend in die Ferne und auf den Stadtplan oder Reiseführer in seiner Hand.

Die Welt ist neugierig auf Deutschland. 55 Millionen Touristen kommen jedes Jahr hierher. Sie bereisen die Großstädte wie Berlin, Hamburg, München oder Köln, sie lassen sich über die Kanäle des Spreewalds schippern und staunen über Schloss Neuschwanstein. Sie besuchen Buchenwald und das Jüdische Museum in Berlin. Sie schunkeln und trinken auf dem Oktoberfest mit oder besuchen eins der vielen Festivals im Sommer, zum Beispiel das Melt! oder Rock am Ring.

Sie essen in Restaurants Knödel und Eisbein und was die Reiseführer sonst noch als typisch deutsches Essen ausweisen. Sie schießen aberwitzig viele Fotos von Sehenswürdigkeiten. Sie lassen sich in Bussen und Bahnen durch Städte und Landschaften fahren. Es ist also fast alles wie in jedem anderen Land auch. Deutschland zieht die Touristen jedoch deshalb besonders an, weil es sehr dicht gepackt ist mit kulturellen Einrichtungen und Denkmälern, historisch bedeutsamen Bauten und Orten, Ausstellungen und Events. So viel Kultur auf einem Fleck – die meisten Japaner oder Amerikaner können es gar nicht fassen. Das »Alte Europa« hat Wurzeln, und die hat es sich bewahrt, es pflegt und zeigt sie.

Der Besucherstrom ist nicht nur erfreulich, er bringt auch eine Menge Geld ins Land: Tourismus ist ein wichtiger Wirtschaftsmotor Deutschlands. Fast 100 Milliarden Euro pro Jahr werden für Reisen mit Bus und Bahn sowie Hotelübernachtungen ausgegeben. Etwa sieben Prozent aller Erwerbstätigen in Deutschland – rund 2,9 Millionen Menschen – waren im Jahr 2010 im Tourismus beschäftigt. Fast jeder achte Arbeitsplatz steht also mit dem Tourismus in Verbindung.

Auch wenn die »Touris« manchmal nerven, weil sie mit ihren Fotoapparaten in der Hand im Weg rumstehen: Ohne sie wäre vieles nicht möglich, gäbe es teilweise gar nicht die Möglichkeiten, dieses reiche Kulturleben zu gestalten und zu erhalten. Außerdem macht es doch stolz, in einem Land zu leben, das so attraktiv ist.

17. GRUND

Weil es so gut riecht

Der Duft von kokelndem Holz beim Osterfeuer, die Aromen von Glühwein, Lebkuchen und gebrannten Mandeln auf dem Nürnberger Christkindlmarkt oder blühende Maiglöckchen in akkurat gepflegten Vorgärten: Landauf, landab strömen uns hier die unterschiedlichsten Gerüche in die Nase, und die meisten sind auffallend angenehm.

Der Frühling in Deutschland duftet nach Krokussen, Hyazinthen, Tulpen und Flieder. Nach »endlich wieder mehr draußen sein«, dem Latte macchiato im Straßencafé und nach Frühjahrsputz zu Hause inklusive dem so nervigen Fensterputzen, das aber direkt wieder klare Sicht verschafft. Nach Neuanfang und Frische und der ersten Portion Sonnencreme auf der über den Winter wieder so käseweiß gewordenen Haut. Nach dem ersten Aperol Spritz auf der Sonnenterrasse und dem Rest Winterluft in der gestrickten Decke, mit der man sich dort warm einmummelt und weit zurückgelehnt im Korbstuhl die Sonne auf die Nase scheinen lässt.

Sommer riecht hier nach glimmender Grillkohle, marinierten Knoblauch- oder Paprika-Steaks und Bratwurst auf dem Rost, nach Gelato aus dem Eiscafé Venezia/Rialto/Fellini ums Eck, nach kühlem Bier und einem großen Glas Apfelschorle. Nach frisch gemähtem Gras auf den Wiesen, nach Chlor in der Luft und Pommes »rot-weiß« auf der Hand im Freibad und verbranntem Reifengummi bei der Deutschen Tourenwagen-Meisterschaft im August auf dem Nürburgring. Nach fast vertrocknetem Gras und flirrender Hitze auf den Straßen, nach stickiger U-Bahn und der heißen Luft, die einem beim Aussteigen entgegenkommt.

Herbst in Deutschland, das ist der Geruch von Brezeln, Hendl und Weißwurst auf dem Oktoberfest, von der Kürbissuppe, die plötzlich alle kochen, mit Ingwer oder Chili oder Orangensaft, und von den saftigen Trauben, die jetzt geerntet werden und aus denen richtig guter Wein gemacht wird. Der Geruch von buntem Laub und dem Spaziergang durch den nächsten Wald, von Tee mit Kandis und Kaffee mit Aroma und von frischem, kühlem, manchmal drängendem Wind, der einen geradezu vorwärtsschiebt.

Der Winter riecht nach dem Schnee auf dem Fensterbrett, klirrend kalter Luft auf dem Feld und dem Bratapfel im Ofen. Nach Scheiben-Enteiser, Autoheizung und mancherorts noch nach Kohleofen. Winter bringt uns Glühweinduft und überhaupt die Aromen des Weihnachtsfestes: Kardamom, Zimt, Gewürznelken,

Piment, Anis, Muskat und Koriander. So stark es dadurch in den Städten riecht, so rein ist der Duft in der unberührten Natur in dieser Zeit: Dort riecht es fast so »weiß« wie frisch gefallener Schnee.

In Deutschland riecht es nach dem Kaffee im Kännchen auf der Terrasse eines Cafés an einem kleinen Fluss irgendwo in der Provinz. Nach Schnitzel auf dem Mittagstisch von Kanzlerin Angela Merkel. Und dem dunklen Brot mit echten Körnern, das die Bäcker hier backen. Deutschland riecht nach Autoabgasen. Nach weißer Wandfarbe an Raufasertapete. Nach Kuhmist auf Bauernhöfen und nach dem Stroh, in das die Kinder springen. Nach frischem Teer, den parfümierten Politessen, die Knöllchen verteilen – und den schwitzenden Autofahrern, die sich lautstark bei ihnen darüber beschweren. Deutschland duftet wie das Sauerkraut zum Eisbein, die Ananas auf dem Toast Hawaii und der Kohl an der Roulade, nach Fleischwurst, Teewurst und Leberwurst.

Da gibt es auch den Geruch von schmutzigem Rauch aus den Industrieschornsteinen, den Gestank in den Städten und die Hundescheiße auf den Gehwegen. Zum Naserümpfen. Aber angesichts solcher »Stinker« weiß man umso mehr zu schätzen, wenn es gleich an der nächsten Ecke wieder so gut duftet, dass man mit allem versöhnt ist.

18. GRUND

Weil Deutschland so gut schmeckt

Knödel, Rouladen oder Grillwürstchen, Sauerkraut und Rotkraut oder Apfelkuchen: Die deutsche Küche ist selten kalorienarm, dafür umso dichter an Geschmack. Deftig geht es zu in deutschen Kochtöpfen. Geradezu legendär ist der Sonntagsbraten, den die Frau des Hauses stundenlang mühevoll zubereitet und der dann von der ganzen Familie gemeinsam verspeist wird. Diese Tradition gilt als typisch deutsch, ist aber in Zeiten von Gleichberechtigung der Geschlechter und hektischem Alltag sehr aus der Mode gekommen.

Kochen dagegen ist schwer angesagt: Die Küche ist bei vielen das neue Wohnzimmer, wo man gern viel Zeit verbringt, häufig Freunde einlädt, um mit ihnen gemeinsam zu schnippeln und zu brutzeln und zu kochen und bis spät in die Nacht bei gutem Essen und gutem Wein zusammenzusitzen und über Gott und die Welt zu diskutieren. Kochen ist das neue Um-die-Häuser-Ziehen. Daran sind nicht zuletzt die sogenannten Promiköche schuld. Bekannte deutsche Exemplare wie Eckart Witzigmann, Alfred Biolek und Johann Lafer versorgen die Nation mit ihren Restaurants, Kochbüchern und Gewürzkollektionen. Sie sind alle etwas schräge Typen »alter Schule« und sehen auch so aus, aber sie beherrschen ihr Handwerk perfekt. Moderne Vertreter der deutschen Kochszene sind Tim Mälzer – der deutsche Jamie Oliver – oder Tim Raue – der Aromenprofi, der viele asiatische Einflüsse auf den Teller bringt.

Einige deutsche Spezialitäten sorgen allerdings eher nicht dafür, dass man sofort Appetit bekommt, unter anderem saure Nierchen, Labskaus oder Saumagen. Labskaus zum Beispiel ist ein Fleischgericht aus Norddeutschland, auch Norweger, Schweden und Dänen essen es angeblich. Es besteht aus gekochtem gepökelten Rindfleisch, das mit Matjes, Salzgurken, Zwiebeln und eingelegter Roter Bete durch den Fleischwolf gedreht wird. Das sieht dann genauso aus, wie es klingt. Die Matscherei soll für Seeleute erfunden worden sein, die gepökeltes Fleisch mit auf große Fahrten nehmen konnten, damit ihnen während der langen Zeit auf See nicht mehr der Skorbut die Zähne raubte.

Labskaus wird zum Beispiel mit Spiegelei, Gurke und Rollmops serviert. Ich selbst habe es noch nicht probiert, war aber mal dabei, als eine Freundin es in einem Restaurant an der Ostsee aß. Obwohl Labskaus dort auf der Karte stand, fragte der Kellner sie bei der Bestellung, ob sie es wirklich haben wolle. Sie fragte, warum er das wissen wolle. »Na ja, das schmeckt schon sehr komisch, viele mögen das nicht.« Sie ließ sich davon nicht beirren, bewies Mut, riskierte es trotzdem und meinte hinterher: »Richtig schlimm war es nicht, ein zweites Mal muss es aber auch nicht unbedingt sein.« Die deutsche Küche bietet also auch viele spannende Herausforderungen.

Und spannende regionale Köstlichkeiten gibt es auch: Im Norden genießt man zum Beispiel den »Hamburger Elbkiesel« – süß gefüllte Dragees – oder isst bei Magenverstimmung den Bremer Zwieback. An den Küsten gibt es natürlich häufig Krabben und Räucherfisch und dort wird Fleisch oft mit eingemachtem Obst kombiniert. In Hessen braucht man immer wieder einen Übersetzer für die Speisekarte, denn dort tummeln sich Begriffe wie »Ahle Wurscht« oder »Handkäs« (Sauermilchkäse) und »Äbbelwoi« (Apfelwein). Baden-Württemberg ist das Zuhause der Spätzle und Knöpfle. Thüringen hat die legendäre Bratwurst hervorgebracht. In Bayern liebt man deftige Eintöpfe wie den Pichelsteiner oder eine Brotzeit mit »Radi« und »Obazda«. Helmut Kohl hat den Pfälzer Saumagen unsterblich gemacht, Berlin die Currywurst, Sachsen den Christstollen, Bautz'ner Senf und Pulsnitzer Lebkuchen.

Man kann seinen Bauch hierzulande also mit vielen leckeren Köstlichkeiten füllen. Mein persönlicher Favorit in der deutschen Küche: eine knusprige Weihnachtsgans mit Thüringer Klößen zu Weihnachten und im Alltag ein schlichtes Butterbrot mit ein bisschen Salz oder Schnittlauch.

19. GRUND

Weil zu viel Sonne irgendwann auch nervt

Woran denken Sie, wenn Sie an Brasilien denken? An Sonne, Sonne, Sonne, Strand, knappe Bikinis und braune Haut? Ja, weil da eben immer die Sonne scheint! Mir geht es genauso. Und ich bin sicher, dass neun von zehn Deutschen bestätigen würden, dass Deutschland mehr Sonnenschein braucht. Der Zehnte wohnt in einem Solarium und hat »ist mir egal« angekreuzt. Das darf man einem Finnen oder einer Isländerin gar nicht erzählen, die wären ja quasi schon froh, wenn überhaupt mal die Sonne scheinen würde. Aber tatsächlich wird Fernweh doch sehr häufig von dem Bedürfnis nach warmen Temperaturen und strahlendem Sonnenschein ausgelöst.

Sonne ist super, Sonne macht glücklich – die will man immer und überall haben, und man würde doch am liebsten täglich im Bikini am Strand von Rio in den Sonnenuntergang tanzen … Nicht ganz vielleicht, aber nicht umsonst schleppen schon in den ersten frühlingshaften Tagen die deutschen Cafébesitzer von Sylt bis zur Zugspitze eiligst ihre Außenmöblierung vor die Tür, damit sie die Stühle den Sonnenhungrigen unter den Hintern schieben können, die schon darauf lauern, »endlich wieder draußen sitzen« zu können. Zur Not neben einem klimaschädlichen Heizpilz, der die Gefahr einer Erfrierung eindämmt.

Deutschland mit brasilianischer Dauersonne – das wärs also! Dachte ich auch, bis ich eine Brasilianerin kennenlernte – 30 Jahre alt und seit fünf Jahren in Deutschland. »Du Arme«, sagte ich nicht gerade feinfühlig. »Das muss doch furchtbar sein für dich, wie hältst du den vielen Regen hier aus und die Kälte im Winter?« »Aber nein!«, rief sie und zeigte mit ihrem strahlendsten Lächeln ihre zuckerweißen Zähne. »Ich liebe das! Weißt du, ich kam nach Deutschland und war sofort begeistert. 25 Jahre lang habe ich Schatten gesucht, und hier gibt es endlich genug davon. Wenn ich Sonne will, fahre ich in meine Heimat. Aber nach zwei Wochen habe ich wieder genug. Außerdem ist es bei euch im Sommer doch auch oft richtig schön warm. Ihr meckert nur gleich los, wenn es dann auch mal ein bisschen regnet.«

Sie erzählte weiter, wie sehr sie es mag, dass es in ihrer neuen Heimat Jahreszeiten gibt: »Viermal im Jahr etwas Neues, das ist doch total schön!« Stimmt, dachte ich. So sehr man auch manchmal flucht, wenn ein Winter wieder mal endlos scheint, so bringt er doch eben auch Abwechslung und hat seinen ganz eigenen Charme. Ganz abgesehen davon haben wir Wohnungen, Wintermäntel und mit Fell gefütterte Schuhe, also was beschweren wir uns?

»Schnee!«, so schwärmte die Bekannte vom Zuckerhut noch. »Schnee ist so toll!« Vor ihrem ersten Winter in Deutschland hatte sie nie welchen gesehen. Stimmt, ohne Schnee wäre das Leben auch irgendwie doof. Und außerdem hat doch jede Jahreszeit ihre Rituale, Feste und Stimmung – die würden wir auch vermissen. Im Frühling wollen wir raus und die Natur zurückerobern. Der Sommer ist entspannt und lässig. Der Herbst ist frisch und läutet die Saison der Partys und Bälle ein. Der Winter ist kuschlig und hat mit dem 24. Dezember ein echtes Highlight zu bieten.

Ein bisschen Statistik zum Schluss: Deutschland liegt in der gemäßigten Klimazone. Dem Golfstrom sei Dank, ist es wärmer als für unseren Breitengrad üblich. 8,2 Grad Celsius zeigt das Thermometer bundesweit im Durchschnitt. Im Juli ist es mit im Schnitt 16,9 Grad Celsius am wärmsten, im Januar mit – 0,5 Grad am kältesten. Der heißeste jemals gemessene Wert waren 40,2 Grad Celsius, gemessen am 27. Juli 1983 in Gärmersdorf bei Amberg (Oberpfalz) und am 9. August 2003 in Karlsruhe sowie am 13. August 2003 in Freiburg und Karlsruhe. 789 Millimeter beträgt der mittlere Niederschlag im Jahr.

Sonne ist nett, keine Frage. Aber auch hier kommt es auf die Dosierung an. Und das deutsche Wetter dosiert die warmen Strahlen doch eigentlich ganz gut, das müssen wir uns eingestehen.

20. GRUND

Weil es so gut aussieht

Mode und Models: Auch dafür steht Deutschland. Während lange Zeit Länder wie Italien oder Frankreich das Thema Mode und Stil für sich besetzt hatten und Deutschland immer das gewisse Etwas fehlte, meldeten sich auch bald hierzulande Talente zu Wort, die gute Mode machen – und attraktive Frauen, die sie über den Laufsteg tragen.

Ein berühmtes Model mit deutschen Wurzeln ist allen voran Claudia Schiffer, eine blonde Schönheit vom Niederrhein, die wahrscheinlich Anwältin geworden wäre und in der Kanzlei ihres Vaters gearbeitet hätte, wenn sie nicht mit 17 Jahren in einer Düsseldorfer Diskothek von der Modelagentur Metropolitan entdeckt worden wäre. Dann ging alles ratzfatz: Paris, erste Jobs für *Elle* und Guess Jeans, Karl Lagerfeld holt sie für Chanel auf den Laufsteg und erklärt sie zu seiner Muse, *Vogue*-Cover und so weiter und so weiter. Sie war eine der Frauen, die den Begriff »Topmodel« prägten: In den Neunzigern wurde sie zu einem der gefragtesten Mannequins der Welt. Ebenfalls sehr erfolgreiche deutsche Kolleginnen damals waren Nadja Auermann und Tatjana Patitz. »La Schiffer«, vor allem bei den Franzosen wegen ihrer Ähnlichkeit mit Brigitte Bardot beliebt, überzeugte immer mit einer hohen Arbeitsmoral und galt als diszipliniert – spätestens seit Naomi Campbells Wutausbrüchen und den Zickereien der Kandidatinnen in der TV-Casting-Show *Germany's next Topmodel* weiß man ja, dass das nicht zur Standardausstattung eines Fotomodells gehört. Stichwort *Germany's next Topmodel*: Heidi Klum, 1992 entdeckt bei dem Wettbewerb Model '92 in der Fernsehshow *Gottschalk Late Night*, ist die kommerzielle Mainstream-Variante von Madame Schiffer – ein deutsches Phänomen, das in diesem Buch sogar ein eigenes Kapitel bekommen hat. Die deutsche Modelgeneration nach der Jahrtausendwende trägt Namen wie Luca Gadjus oder Toni Garrn oder Julia Stegner. Auch sie sind international gefragt und sehr erfolgreich.

Und was tragen diese Mädchen über den Laufsteg? Bekannte Labels wie Jil Sander, Joop und Bogner prägten Deutschlands Wende zum Modeland. Joop schneidert heute mit Wunderkind anspruchsvolle Couture. Weitere moderne Marken wie Closed, Talbot

& Runhof oder Kaviar Gauche haben das Bild von deutscher Mode im Ausland entscheidend geändert.

Was die deutschen Designer Neues auf die Kleiderstangen hängen, kann man dank der Berlin Fashion Week und Modemessen wie Bread & Butter sowie Premium zweimal im Jahr in Berlin sehen. Dann reist die internationale Elite der Modejournalisten und Modeblogger an, um sich um die Plätze in den ersten Reihen zu streiten – und der Welt danach zu erzählen, wie verdammt gut Deutschland aussehen kann.

Schlaue und kreative Köpfe

Diese Menschen machen Deutschland stark

Weil Deutschland das Land der Dichter und Denker ist

Im Jahr 1828 schreibt Wolfgang Menzel: »Die Deutschen thun nicht viel, aber sie schreiben desto mehr. [...] Das sinnige deutsche Volk liebt es zu denken und zu dichten [...]«[5] Seinerzeit hätten kluge Köpfe wie Johann Wolfgang von Goethe oder Friedrich Schiller die Bestsellerlisten angeführt. Sie schrieben große Dramen wie *Faust* oder *Kabale und Liebe*, die bis heute in der Schule gelesen werden. Und die Liste ihrer ebenfalls berühmten Kollegen ist lang. Was in der klassischen Musik Georg Friedrich Händel, Ludwig van Beethoven und Johann Strauß sind, das sind in der deutschen Literatur Theodor Fontane, Heinrich Heine, Annette von Droste-Hülshoff, Gotthold Ephraim Lessing, Immanuel Kant oder Heinrich Hoffmann von Fallersleben. Sie alle haben mit ihren Werken nachhaltig für Eindruck gesorgt und damit Deutschland als Land der Dichter und Denker geprägt. Das macht uns so schnell keine andere Nation nach.

Literatur hat in Deutschland eine sehr lange Tradition. Schon im Mittelalter wurde hier kräftig gedichtet. Zur Zeit der Klassik wurde Schiller an den Theatern hoch und runter gespielt, in der Romantik wollten die Dichter die Welt der Poesie wiederbeleben. Da hatte Johannes Gutenberg schon lange den Buchdruck mit beweglichen Lettern erfunden und die Schriften konnten leicht verbreitet werden.

Immer wieder wurden Worte auch als Waffe eingesetzt, um sich gegen gesellschaftliche Missstände aufzulehnen, so zum Beispiel in der Zeit der Aufklärung, als man sich der klassischen Gattung der Dichtkunst bediente, um ein neues Gesellschaftsbild als Alternative zur absolutistischen Herrschaft zu zeichnen. Deutschlands Dichter und Denker haben ihre Leser immer dazu anregen wollen, Gefühle zu erspüren, sich mit sich selbst und ihrer Umwelt auseinanderzusetzen und kritisch gegenüber scheinbar feststehenden Regeln zu sein.

Noch heute kann man an ihren Gedanken teilhaben und mit Fontane Wanderungen durch die Mark Brandenburg erleben oder seine persönliche Antwort finden auf die Gretchenfrage in Goethes *Faust. Der Tragödie erster Teil*: »Nun sag, wie hast du's mit der Religion? Du bist ein herzlich guter Mann, allein ich glaub, du hältst nicht viel davon.«[6] Man kann auch endlich mal herausfinden, was Lessings Ringparabel bedeutet, und was Schillers Räuber geraubt haben.

Nicht umsonst gehört ein großes Bücherregal in den meisten deutschen Haushalten zur Standardeinrichtung: Allein die Dichter und Denker der Republik würden mit ihren Werken etliche Reihen darin füllen. Doch die Tradition setzt sich fort, und es gibt zu viele spannende zeitgenössische Autoren, als dass man sich nur den Klassikern widmen sollte.

Auch heute noch scheint das Schreiben eine wichtige Leidenschaft der Deutschen zu sein. Laut einer Statistik der Europäischen Union[7] leben hierzulande 330.000 Schriftsteller und Künstler, ganze 0,8 Prozent der Bevölkerung. In Frankreich wurden nur 180.000 Autoren gezählt. Es gibt zwei große Buchmessen, im Frühjahr in Leipzig und im Herbst in Frankfurt. Dort werden jedes Mal unzählige neue Autoren vorgestellt und etablierte Dichter und Denker kommen zu Lesungen.

Weil wir es erfunden haben ...

Was haben Autos, Jeans und Aspirin gemeinsam? Wir habens erfunden! Beachtlich viele schlaue Ideen gehen auf deutsche Köpfe zurück. Ein paar Beispiele gefällig?

Johannes Gutenberg zum Beispiel erfand im 15. Jahrhundert den Buchdruck mit beweglichen Lettern, der die massenhafte Herstellung und Verbreitung von Büchern möglich gemacht hat. Der Plattenspieler entstand 1887 dank dem Ingenieur Emil Berliner. Sogar mit dem »Nichts« kennen wir uns aus: Otto von Guericke erbrachte im Jahr 1650 den Nachweis der Existenz des Vakuums und legte damit den Grundstein für die Erfindung der Luftpumpe.

1516 erfand Herzog Wilhelm IV. von Bayern das Bier und legte gleich noch per Gesetz fest, dass es nur aus Gerste beziehungsweise dem Malz, das man daraus macht, Hopfen und Wasser hergestellt werden darf. Gleich noch eine zweite Erfindung: Dieses Reinheitsgebot gilt als erste Lebensmittelvorschrift der Welt und hat noch dazu bis heute Gültigkeit.

Die Medizin profitiert bis heute von deutschen Erfindungen: Wilhelm Conrad Röntgen entdeckte 1895 die Röntgenstrahlung, Robert Koch identifizierte 1876 Bakterien als Verursacher vieler Krankheiten.

Das Aspirin geht auf Felix Hoffmann zurück: Seit 1897 lindert die synthetisierte Acetylsalicylsäure in Pulverform Schmerzen, senkt Fieber und hemmt Entzündungen. Und das mit viel weniger Nebenwirkungen als die vorher eingesetzte pure Salicylsäure, von der einem stark übel wurde und mit der man zudem seine Schleimhäute riskierte.

Technik ist ebenfalls eine deutsche Stärke. Weitere deutsche Erfindungen sind: die Glühbirne (1854, Heinrich Göbel), das Telefon (1859, Philipp Reis – der Amerikaner Alexander Graham Bell hat es dann weiterentwickelt und 1876 zum Patent angemeldet), der Dynamo (1866, Werner von Siemens), die Straßenbahn (1881, ebenfalls Werner von Siemens), der Dieselmotor (1890, Rudolf Diesel), das Gleitflugzeug (1894, Otto Lilienthal) oder das Motorrad (1885, Gottlieb Daimler) und das Auto (1886, Daimler gemeinsam mit Karl Benz).

Im Alltag begegnen uns viele ursprünglich deutsche Ideen und Entwicklungen: Levi Strauss, Erfinder der Jeans, war Exil-Deutscher und schneiderte ab 1873 Hosen aus dem Baumwollstoff Denim. Die Thermosflasche gibt es seit 1903, damals hat sie der deutsche Glastechniker Reinhold Burger entwickelt. Josef Schmidt heißt der Mann, wegen dem sich viele ärgern, obwohl sein Spiel doch *Mensch ärgere Dich nicht* heißt (und in rund 100 Jahren wurden etwa 70 Millionen Exemplare davon verkauft!).

Sogar das Papier, auf dem dieses Buch gedruckt ist, geht auf einen Deutschen zurück: 1843 erfand Friedrich Gottlob Keller ein Verfahren zur Papierherstellung, das bald die weltweit massenhafte Produktion von Billigpapier möglich machte. Das war auch eine wichtige Voraussetzung für die Verbreitung der Tagespresse, die zu jener Zeit entstand. Wir wollen ja nicht angeben, aber was wäre denn ein Leben ohne Bier, Telefon und Bücher? Frei nach Loriot zitiert: Es wäre möglich, aber sinnlos …

23. GRUND

Weil Deutschland so viele beeindruckende Persönlichkeiten hervorgebracht hat

Den Erfinder des Buchdrucks, Johannes Gutenberg (* um 1400 in Mainz), die Dichter Johann Wolfgang von Goethe (* 28. August 1749 in Frankfurt am Main), Friedrich Schiller (* 10. November 1759 in Marbach am Neckar), Gotthold Ephraim Lessing (* 22. Januar 1729 in Kamenz) und Wilhelm Busch (* 15. April 1832 in Wiedensahl), die Dramatiker Heinrich von Kleist (* 18. Oktober 1777 in Frankfurt (Oder)) und Bertolt Brecht (* 10. Februar 1898 in Augsburg), die Physiker Albert Einstein (* 14. März 1879 in Ulm), Wilhelm Conrad Röntgen (* 27. März 1845 in Lennep) und Max Planck (* 23. April 1858 in Kiel), den Politiker und ersten

Reichskanzler Otto von Bismarck (* 1. April 1815 in Schön-hausen), den Theologieprofessor Martin Luther (* 10. November 1483 in Eisleben) und seine Ehefrau Katharina von Bora (* 29. Januar 1499 in Lippendorf), den Gesellschaftstheoretiker Karl Marx (* 5. Mai 1818 in Trier), die Politiker und Bundeskanzler Konrad Adenauer (* 5. Januar 1876 in Köln), Willy Brandt (* 18. Dezember 1913 in Lübeck) sowie Helmut Kohl (* 3. April 1930 in Ludwigs-hafen am Rhein), den Komponisten Johann Sebastian Bach (* 21. März/31. März 1685 [julianischer/gregorianischer Kalen-der] in Eisenach), den Schriftsteller Kurt Tucholsky (* 9. Januar 1890 in Berlin), den Lyriker Eduard Mörike (* 8. September 1804 in Ludwigsburg), den Naturforscher Alexander von Humboldt (* 14. September 1769 in Berlin), den Komponisten Georg Fried-rich Händel (* 23. Februar/5. März 1685 [julianischer/gregoria-nischer Kalender] in Halle an der Saale), die Schriftsteller Erich Kästner (* 23. Februar 1899 in Dresden), Thomas Mann (* 6. Juni 1875 in Lübeck), Heinrich Mann (* 27. März 1871 in Lübeck) und Heinrich Heine (* 13. Dezember 1797 in Düsseldorf), den Schauspieler Horst Buchholz (* 4. Dezember 1933 in Berlin), den Künstler Albrecht Dürer (* 21. Mai 1471 in Nürnberg), den Papst Benedikt XVI. (* 16. April 1927 in Marktl), die Theologin Margot Käßmann (* 3. Juni 1958 in Marburg), den Philosophen Fried-rich Nietzsche (* 15. Oktober 1844 in Röcken bei Lützen), die Schriftsteller und Märchenerzähler Jacob und Wilhelm Grimm (* 4. Januar 1785 in Hanau und 24. Februar 1786 in Hanau), den Erfinder Werner von Siemens, der die Elektrotechnik begründete (* 13. Dezember 1816 in Lenthe), den Astronomen Johannes Kepler (* 27. Dezember 1571 in Weil der Stadt), die Modedesigner Karl Lagerfeld (* 10. September 1933 in Hamburg), Wolfgang Joop (* 18. November 1944 in Potsdam) und Jil Sander (* 27. November 1943 in Wesselburen, Dithmarschen), die Maler Georg Baselitz (* 23. Januar 1938 in Deutschbaselitz) und Neo Rauch (* 18. April 1960 in Leipzig), die Regisseure Wolfgang Petersen (* 14. März

1941 in Emden) und Bernd Eichinger (* 11. April 1949 in Neuburg an der Donau), den Moderator Thomas Gottschalk (* 18. Mai 1950 in Bamberg), Opel-Gründer Adam Opel (* 9. Mai 1837 in Rüsselsheim), Automobilpionier Carl Benz (* 25. November 1844 in Mühlburg (Karlsruhe)), die Schriftsteller Theodor Fontane (* 30. Dezember 1819 in Neuruppin), Anna Seghers (* 19. November 1900 in Mainz), Christa Wolf (* 18. März 1929 in Landsberg an der Warthe), Erwin Strittmatter (* 14. August 1912 in Spremberg) und Annette von Droste-Hülshoff (* 10. Januar 1797 auf Burg Hülshoff bei Münster), den preußischen König Friedrich der Große (* 24. Januar 1712 in Berlin), den Mediziner und Mikrobiologen Robert Koch (* 11. Dezember 1843 in Clausthal), die Politiker August Bebel (* 22. Februar 1840 in Deutz bei Köln), Friedrich Ebert (* 4. Februar 1871 in Heidelberg), Clara Zetkin (* 5. Juli 1857 in Wiederau) und Helmut Schmidt (* 23. Dezember 1918 in Hamburg), den Neurologen und Begründer der Psychoanalyse Sigmund Freud (* 6. Mai 1856 in Freiberg in Mähren), den Musiker Herbert Grönemeyer (* 12. April 1956 in Göttingen), den Juristen und Astronomen Nikolaus Kopernikus (* 19. Februar 1473 in Thorn) …

24. GRUND

Weil es die documenta gibt

Alle fünf Jahre wird Kassel zu einem besonders spannenden Fleckchen Erde: Ganze 100 Tage lang verwandelt sich dann nämlich bei der »documenta« fast die ganze Stadt in ein Museum. Diese Ausstellung an verschiedenen Schauplätzen soll den aktuellen Stand der zeitgenössischen Kunst »dokumentieren«. Ihren Ursprung hat sie in dem Bedürfnis, in der Nachkriegszeit wieder freien Zugang zu moderner Kunst möglich zu machen. 1955 fand die erste documenta statt, initiiert von Arnold Bode, einem Kunstprofessor und Designer aus Kassel.

Menschlicher Kot als Ornamente auf weißen Fliesen drapiert ist nur ein Beispiel für viele mitunter auch irritierende Exponate. Bei einer documenta scheint alles möglich. Die ausgestellten Stücke faszinieren, begeistern, erschrecken oder stoßen ab. Der jeweilige künstlerische Leiter bestimmt das Profil der Veranstaltung. Die documenta 13 im Jahr 2012 hatte 860.000 Besucher – so viel wie nie zuvor. Documenta-Geschäftsführer Bernd Leifeld sagte zum Abschluss, die Menschen seien »bewegt und begeistert« gewesen und – »da bin ich ganz sicher« – verändert nach Hause gefahren. Die wenigsten Besucher kommen aus Kassel selbst, viele reisen aus ganz Deutschland, aber auch aus anderen Ländern an.

Als Besucher sollte man sich auf jeden Fall bequemes Schuhwerk anziehen. Die Ausstellungsorte sind auf das gesamte Stadtgebiet verteilt, unter anderem gehört seit Beginn das traditionsreiche Fridericianum dazu, eines der ersten öffentlichen Museen auf dem europäischen Kontinent, zudem wurde die documenta-Halle extra für die Ausstellung gebaut und wird seit 1992 genutzt. Auch andere Museen und Gebäude in Kassel werden genutzt, es werden Arbeiten unter freiem Himmel gezeigt, und zusätzlich fand 2012 zeitgleich eine Ausstellung in Kabul in Afghanistan statt, im dortigen Babur-Garten und im Königinnenpalast. Weitere Außenstellen waren unter anderem Kairo in Ägypten und Banff in Kanada.

Wer das nächste Mal dabei sein will: Die documenta 14 findet von 10. Juni bis 17. September 2017 statt.

Weil Kunst und Kultur gefördert werden

Museen in den Städten, Skulpturen in Parkanlagen oder Theater-festivals: Jeder Deutsche hat leichten Zugang zu Kunst und Kultur, weil der Staat es als eine seiner grundlegenden Aufgaben versteht, sie kontinuierlich zu fördern. Auch wenn viel gespart wird und Projekte Kürzungen zum Opfer fallen: Nur dank staatlicher Gelder können auch kleine Schauspielhäuser ein umfangreiches Programm bieten, junge Künstler sich auf ihre Arbeit konzentrieren und sich auch Studenten locker ein Museumsticket leisten. Wir können gegen einen kleinen Jahresbeitrag in öffentlichen Bibliotheken so viel Literatur ausleihen, wie wir niemals lesen könnten, im Kino die Werke aufstrebender Nachwuchsfilmemacher sehen und bei Preisverleihungen erleben, welche Kulturschaffende besondere Leistungen hervorbringen. Kommunen, Länder und der Bund finanzieren das mit mehreren Milliarden Euro jedes Jahr mit.

Auch private Förderer investieren: Es gibt unzählige Stiftungen mit den unterschiedlichsten Schwerpunkten, es wird gesponsert und mit Fundraising unterstützt. Dieses Engagement wird ebenfalls wieder vom Staat unterstützt, gemeinnützige Kulturinstitutionen sind von der Gewerbe- und Körperschaftssteuer befreit und dürfen steuervergünstigte Spenden annehmen.

Es gibt allerdings ein Problem mit der Kunst: Die Leute rufen immer danach, sie müssen die Angebote dann aber auch nutzen. Wenn im Theater an so manchen Abenden viele Plätze frei bleiben, fragt man sich schon, wo die Menschen sind, die über fehlende Finanzen in der Kultur schimpfen. Letztlich kann also auch jeder Bürger selbst mehr dafür tun, dass die kulturelle Vielfalt in Deutschland erhalten bleibt: indem er sie auch wirklich nutzt! Für Vielnutzer gibt es außerdem häufig günstige Angebote in Form von Abos, bei denen zum Beispiel spart, wer regelmäßig ins Theater geht.

Gleichzeitig tut es den entsprechenden Einrichtungen oft gut, wenn sie um ihr Publikum buhlen und von dem hohen Ross heruntersteigen müssen, von dem herab sie ihre Rezipienten in der Vergangenheit oft gesehen haben. Ohne dass der böse Mainstream auf den Bühnen einzieht, kommt es so zu oft spannenden Experimenten und neuen Impulsen.

Ich liebe beispielsweise Ballett-Aufführungen, verpasse aber nicht selten eine ganze Saison, weil ich gar nicht dazu kam, ins Programm zu schauen. Als 2007 das Ensemble von Starchoreograf Vladimir Malakhov für eine Aufführung in den berühmt-berüchtigten Berliner Club Berghain einzog, war das dagegen etwas, was mir in den Vorschauspalten der Stadtmagazine sofort auffiel, und der Abend machte wieder Lust darauf, die klassischen Stücke im Programm zu sehen. Genauso mag es den vielen Besuchern der »Langen Nächte der Museen« gehen. Diese kulturellen »Nachtwanderungen« gibt es inzwischen in den meisten größeren Städten. Der Eventcharakter lockt etliche Besucher an, deren letzter Museumsbesuch oft lange zurückliegt. In Berlin gibt es gleich zwei solcher Nächte pro Jahr. Etwa 80 Museen und andere Institutionen zeigen dann ihr Portfolio und protzen mit Ausstellungen, Konzerten, Tanzaufführungen, Lesungen und Angeboten für Kinder und Familien. Das zeigt, was möglich ist, und es regt auch zum Wiederkommen an, ist also Werbung im besten Sinne.

Weil von Leipzig aus die Kunstwelt aufgemischt wird

Leipzig gilt vielen als das »bessere Berlin«: In der Messestadt lässt es sich – unter anderem dank billiger Mieten – günstig leben, die vielen jungen Studenten sorgen für eine lebendige Club- und Kneipenszene, viele Firmen siedeln sich hier an, und auch als Medienstadt hat Leipzig sich einen Namen gemacht. In Leipzig, da herrscht ein Gefühl von Freiheit, von »hier geht noch was«. Kunstsammler aus der ganzen Welt sind aber aus einem ganz anderen Grund aufgeregt, wenn sie den Namen »Leipzig« hören: Hier hat in den 2000er-Jahren eine Gruppe von Künstlern einen wahren Hype ausgelöst.

Es sind Maler wie Tilo Baumgärtel, Tim Eitel, David Schnell oder Matthias Weischer, die mit ihren Werken immer höhere Preise erzielten. Die Absolventen der Hochschule für Grafik und Buchkunst Leipzig lassen in ihren Bildern Mensch und Technik aufeinanderknallen, sie schaffen teils sehr abstrakte, verträumte, entrückte und romantische Räume oder Landschaften. Gegenständliche Malerei und eine gute handwerkliche Ausbildung – dafür steht die Leipziger Lehre. Und das begeisterte schon im Jahr 2003 Don und Mera Rubell, ein Sammlerehepaar aus den USA, das damals viele Werke aus einer Ausstellung im Neuen Leipziger Kunstverein und im Museum der Bildenden Künste Leipzig kaufte und ein Jahr später bei der Art Basel Miami Beach zeigte. Sammler aus aller Welt nahmen Witterung auf und schnell kostete ein »Leipziger« einen sechsstelligen Betrag.

Als ich in Leipzig Journalistik studiert habe, schrieb ich einen Artikel über ein Seminar an der Hochschule für Grafik und Buchkunst: Den Studenten sollte vermittelt werden, wie sie sich selbst und ihre Arbeiten gut verkaufen können. Es muss 2002 gewesen sein, und ich bat am Rande der Veranstaltung einen Teilnehmer um ein paar Zitate. Es war David Schnell. Er wird das dort Gelernte kaum gebraucht haben, auch wenn mit der Finanzkrise auch den Kunstsammlern das Geld ausging.

Die Vätergeneration der Leipziger Schule – unter anderem Bernhard Heisig, Wolfgang Mattheuer und Werner Tübke – hatte sich rund 40 Jahre zuvor vor dem Hintergrund des von der DDR-Regierung erwarteten sozialistischen Realismus emanzipiert. Ihre Schüler Arno Rink und Sighard Gille prägten als Professoren an der Hochschule die Neue Leipziger Schule entscheidend mit.

Und vor allem einer: Neo Rauch. Der gebürtige Leipziger schafft rätselhafte, monumentale (Alb)Traumwelten, mit denen sein Galerist Gerd Harry Lybke ihn berühmt machte. Rauch gilt als einer der bekanntesten und erfolgreichsten Künstler der Gegenwart. Weltweit steht er für die deutsche figurative Malerei. Bis 2009 war Neo Rauch ebenfalls Professor in Leipzig, dann trat unter heftigem Protest der Kölner Maler Heribert C. Ottersbach seine Nachfolge an. Ihm wird der Untergang der Neuen Leipziger Schule zugeschrieben, schuld soll unter anderem sein Unterrichtsstil sein. Der Hype ist vorbei – und leider ist die Vergänglichkeit nun mal Merkmal jedes Hypes.

Weil deutsche Firmen Weltklasse sind

In amerikanischen Filmen fahren die Bösewichte Mercedes, in Russland cremt man sich mit Nivea jung, in China trägt man Hugo Boss aus Metzingen in Baden-Württemberg und in Australien nascht man Haribo. Deutsche Firmen sind international gefragt, ihre Produkte werden in der ganzen Welt gekauft und genutzt.

Dabei sind viele Unternehmen in ihren Bereichen absolute Spitze: Sie können den Titel Weltmarktführer für sich beanspruchen. Vor allem der Mittelstand beweist sich international. Mehr als 1.100 mittelständische Unternehmen zählen zu den besten drei ihres Segments weltweit. Man nennt sie auch die »Hidden Champions«. Außerdem sind unter den 100 wertvollsten Unternehmen der Welt neben Volkswagen auch SAP, Siemens, BASF und Bayer zu finden.

Die Mittelständler haben einige Vorteile: Sie können auch kleine Aufträge abwickeln, arbeiten durch ihre schlanken Strukturen äußerst effizient bei gleichzeitig relativ geringen Arbeitskosten. Wie die »ganz Großen« erwirtschaften sie häufig einen großen Teil ihres Umsatzes im Ausland – nicht zuletzt wegen der bekannten und geschätzten deutschen Qualität. Dank der Investitionen in Wissenschaft und Produktentwicklung haben hiesige Unternehmen eine enorm hohe Innovationskraft. Es sind oftmals Spezialisten, die sich auf Details konzentrieren, die Nischenprodukte herstellen und ganz individuelle Lösungen für Kunden anbieten können.

Typisch für deutsche Unternehmen ist auch, dass viele von ihnen eine lange Tradition vorweisen können und damit wertvolle Erfahrungen gesammelt haben, die sie oft auch fachfremd einsetzen. Im Schwarzwald, wo für die Uhrenproduktion schon immer Feinmechanik gefragt war, sind heute beispielsweise besonders viele medizintechnische Unternehmen niedergelassen. Denn fundiertes Wissen und handwerkliche Fähigkeiten lassen sich nicht in kurzer Zeit aneignen –man braucht schon entsprechend gut ausgebildete Fachkräfte.

Die Welt kauft deutsche Produkte und deutsche Firmen erobern immer wieder neu die Welt – das ist so, und so wird es in Zukunft auch bleiben.

28. GRUND

Weil die duale Ausbildung Weltklasse ist

»Diese deutschen Kids sind bereit für den Job, wenn sie die Schule abschließen. Sie wurden für die Jobs ausgebildet, die es gibt.« Wer lobte mit diesen Worten das deutsche Ausbildungssystem? Der amerikanische Präsident Barack Obama in seiner Rede zur Lage der Nation im Februar 2013. Das duale Prinzip, nach dem die meisten deutschen Lehrlinge einen Beruf erlernen, hat ihn offenbar schwer beeindruckt: In einem Betrieb erleben sie die Praxis, in der Berufsschule wird ihnen die Theorie vermittelt. Das findet nicht nur Mr. Obama gut, es ist ein international angesehenes Konzept.

Die jungen Berufseinsteiger sammeln durch den parallelen Weg in der »Lehre« schon früh echte Berufserfahrung, aber gleichzeitig wird auf das Hintergrundwissen ebenfalls viel Wert gelegt. In der Schule wird gebüffelt, da werden alle Grundlagen vermittelt. Dort gibt es auch dafür speziell ausgebildete Lehrer, den Ausbildern in den Betrieben wird also ein Stück weit Verantwortung für diesen Theoriebereich abgenommen. Bei den Praxiswochen in den Firmen lernen die Auszubildenden dann von den erfahrenen Profis »vom Fach« und sind dort vor allem auch schon in den Alltag in einem Unternehmen integriert, sodass sie einen realistischen Eindruck von ihrer eigenen beruflichen Zukunft bekommen können. Durch die Integration in eine konkrete Firma knüpfen die jungen Menschen außerdem auch gleich wertvolle Kontakte: Der Ausbildungsbetrieb kann bei Übernahme zum ersten Arbeitgeber werden. Und dort startet man dann nicht bei so gut wie null, wie es nach einem Hochschulabschluss oft der Fall ist, weil an den Unis Praxis wenig Platz hat. Man kennt das Unternehmen bereits und auch den Beruf mit seinen guten und den weniger guten Seiten. Für das Unternehmen wiederum bedeutet das die Sicherheit, dass sie hier einen Mitarbeiter haben, der weiß, worauf er sich einlässt.

So eine Lehre ist aber auch nicht ohne: In kurzer Zeit müssen die Azubis viel lernen, in der Betriebspraxis ist voller Einsatz gefordert und gleichzeitig müssen sie in der Schule dranbleiben, viel Stoff pauken und brauchen gute Noten. Das alles für ein relativ geringes Gehalt. Aber es ist eben auch selbst verdientes Geld, das Unabhängigkeit ermöglicht und damit vor allem gegenüber einem langwierigen und kostenintensiven Studium für viele Jugendliche interessant ist. Immer mehr Azubis haben Abitur, im Jahr 2011 hätte gut jeder fünfte Lehrling auch studieren können.

Außerdem sind die Chancen hoch, dass man mit dem Abschluss in der Tasche auch einen Job findet: Wenn nicht beim Ausbilder, dann bei anderen Firmen. Denn es wird natürlich vor allem da Nachwuchs ausgebildet, wo Fachkräfte gesucht werden. Auch wenn Jugendarbeitslosigkeit auch in Deutschland ein großes Thema ist, stehen wir im internationalen Vergleich gut da.

Ein großes Problem in Sachen »Lehre« gibt es aber leider: Viele Schüler kommen nicht ausbildungsreif aus der Schule. Sie können nicht gut genug rechnen oder ihre Rechtschreibung ist mies. Aber auch ein Bäcker muss eins und eins zusammenzählen können und ein Mechatroniker mal eine Rechnung oder eine Bestellung schreiben. Doch auch dafür gibt es Möglichkeiten und Maßnahmen, zum Beispiel über berufsvorbereitende Jahre, in denen die Jugendlichen ausbildungsfit gemacht werden. Das System der Aus- und Weiterbildung ist ebenfalls offen für diejenigen, die länger brauchen, um den Ernst des Lebens für sich zu begreifen und sich die nötige Disziplin anzueignen, die für ein Berufsleben nötig ist. Gleichzeitig müssen diese jungen Menschen, die mit schlechteren Chancen auf dem zukünftigen Arbeitsmarkt starten, ein besonders hohes persönliches Engagement beweisen, um nicht in solchen Maßnahmen »hängen zu bleiben« – vor allem, wenn sie niedrige Abschlüsse haben wie den von einer Hauptschule und sich dann gegen Konkurrenz von den Gymnasien behaupten müssen. Im deutschen Bildungssystem bekommt jeder eine Chance: Er muss sie nur nutzen!

29. GRUND

Weil Piraten hier Politik machen dürfen

Wirklich etwas bewegen, statt immer nur am Stammtisch zu quatschen, politisch aktiv werden, mal bei den Entscheidern mitreden – das wäre doch was, denken viele. Und viele reden nur. Aber es gibt auch immer wieder engagierte Köpfe, die das auch umsetzen und zum Beispiel eine neue Partei gründen. Meist haben solche kleinen Gruppen bei der Wahl dann aber nur wenig Chancen auf Erfolg und können vom Überspringen der Fünfprozenthürde nur träumen.

Umso mehr Aufsehen erregten einige »Computernerds«, die sich 2006 aufmachten, die politische Landschaft in Deutschland aufzumischen. Sie nannten sich »Piraten« und sprachen der Generation Internet mit ihren Forderungen nach mehr Freiheit im Netz und einer modernen und transparenten Politik aus dem Herzen. Sie wollen unter anderem die Bürgerrechte stärken, fordern direkte Demokratie, eine Reform des Urheberrechts und freie Bildung. Damit trafen sie in ihren Anfangszeiten einen Nerv und erreichten beachtenswerte zweistellige Umfragewerte.

Doch bald ging es auch schon wieder bergab. Die Piraten hatten sich offenbar zu früh auf die offene See der Bundespolitik gewagt, und der Sturm da draußen hat ihnen ordentlich die Frisur zerstört. Sie scheitern aber nicht unbedingt an den äußeren Umständen, sondern vor allem am eigenen Personal: Da wird gestritten und das gern öffentlich, es fallen politisch wenig korrekte Sätze, und es passieren peinliche Zickereien.

Die Piratenpartei versteht sich als Mitmachpartei und lebt damit den Urgedanken der Demokratie. Jedes Mitglied darf mitbestimmen, mitdiskutieren, mitentscheiden. Ihr vielleicht wichtigstes Werkzeug dafür heißt LiquidFeedback und soll den Ansatz der LiquidDemocracy möglich machen. Es handelt sich dabei um eine freie Software, mit der man das Internet zur politischen Meinungsbildung nutzen und Entscheidungen treffen kann. Themen können dort eingestellt und diskutiert werden, bevor darüber abgestimmt wird. Marina Weisband hatte es als politische Geschäftsführerin so gesagt: »In dieser Partei schläft man sich nach unten.« Doch leider kam es, wie es kommen musste: Wenn jeder mitreden kann, dann bleibt es leider häufig beim Reden, und vor lauter Diskussionen, Bedenken, Einwänden und Überlegungen geht nichts voran.

Doch trotz aller Konflikte und vor allem dem vernichtenden Wahlergebnis von 2013 haben die Piraten eine ganz wichtige Sache geschafft: Sie zeigen, dass in der Politik Neues immer möglich ist, und sie erinnern daran, dass Politik auch von den Bürgern gemacht wird. Dass die sich nicht immer einig sind, auch das gehört dazu.

Weil Martin Luther die Kirche reformierte

Er übersetzte die Bibel, spaltete die katholische Kirche, wir verdanken ihm christliche Lieder wie *Vom Himmel hoch, da komm' ich her* und den Reformationstag am 31. Oktober, der in einigen Bundesländern gesetzlicher Feiertag ist. Martin Luther war ein kluger und mutiger Mann, der das Unvorstellbare wagte: Er legte sich mit der Kirche an!

Der Mönch und Professor für Religionswissenschaften wollte nicht akzeptieren, dass die Kirche ihre Macht gegenüber dem einfachen Manne durch Rituale wie den Ablasshandel schamlos ausnutzte: Wer eine Sünde begangen hatte, konnte sich durch die Beichte beim Pfarrer davon wieder erlösen lassen – gegen Geld. Der Mönch Johann Tetzel verkaufte außerdem in vielen Städten im Namen der Kirche Briefe mit Gebeten und machte die Menschen glauben, dass die Vergebung Gottes ihnen nur dann sicher wäre, wenn sie diese sogenannten Ablassbriefe kauften. Die Leute wussten es nicht besser und gaben ihr letztes Hemd für so einen Brief und die damit angeblich verbundene Vergebung. Diese Kapitalisierung der Religion stieß Luther heftig auf.

Er hatte aber noch einige Kritikpunkte mehr. Eine ganze Liste mit stattlichen 95 Punkten stellte er auf. Er notierte nicht nur, dass man seine Sünden nicht durch einen »Zettel« vergeben bekommt, sondern zum Beispiel auch, dass es falsch ist, wenn Priester behaupten, es gebe eine Hölle, vor der sich die Menschen schrecklich fürchten müssen. Am 31. Oktober 1517 kam es zum Showdown: Martin Luther nagelte das Papier mit seinen Thesen an das Tor der Wittenberger Schlosskirche. Für ihn hatte das schwerwiegende Folgen: Er wurde von der katholischen Kirche verfolgt und verbannt. Aber er hatte etwas Unglaubliches geschafft: Seine Thesen lösten die Reformation aus, die evangelische Kirche entstand. Dass ein einzelner Mensch so viel leistet in einem Leben, ist absolut faszinierend.

Das Lied *Vom Himmel hoch, da komm' ich her* soll Luther übrigens im Jahr 1535 für seine Kinder zum Weihnachtsfest geschrieben haben. Der Kirchenmann hatte eine große Familie. Mit seiner Ehefrau Katharina von Bora hatte er vier Töchter und zwei Söhne. Katharina war eine Nonne, die aus dem Kloster geflohen war. Die beiden heirateten im Juni 1525 in Wittenberg. In der Lutherstadt, wo das Gedenken an dieses berühmte Kind der Stadt intensiv gepflegt wird, wird die Hochzeit der beiden noch heute jedes Jahr bei einem großen Volksfest nachgespielt – der »Lutherhochzeit«. Leute aus dem Volk schlüpfen dann in die Rolle des Paares und in historische Gewänder. Es wird altes Handwerk gezeigt, auf alten Instrumenten gespielt, es gibt deftiges Fleisch am Spieß nach historischen Rezepten und die Bierkrüge knallen mit Schmackes aufeinander. Die Stadt wird bevölkert von Gauklern und Musikanten, die Kinder können sich bei Ritterspielen messen. Ein echtes Erlebnis: Wenn Sie mal zu dem Termin im Juni in der Nähe sind, schauen Sie unbedingt vorbei!

KAPITEL 4

Sport

Höher, schneller, weiter: Gewinner
und solche, die es noch werden wollen

Trotz Lothar Matthäus

Eigentlich war er nur ein ganz normaler Fußballspieler, wenn auch ein sehr erfolgreicher: Lothar Herbert Matthäus stand bei 150 Länderspielen für Deutschland auf dem Rasen, so oft wie kein anderer deutscher Kicker. Außerdem war er bei fünf Weltmeisterschaften dabei und machte seinen Job dort sehr zufriedenstellend. Kapitän der Nationalmannschaft, Europas Fußballer des Jahres (1990) und Weltfußballer des Jahres (1991) – nach dieser Karriere startete er eine zweite als Trainer, bis 2011 war er für die bulgarische Nationalmannschaft tätig.

So weit, so gut. Doch leider werden die Lobeshymnen auf diese Leistungen das ein oder andere Mal von ein paar Lästereien verdrängt. Denn »Loddar«, wie er dank seiner fränkischen Herkunft gern genannt wird, war nicht so schlau wie andere erfolgreiche Ex-Fußballer eine Golfschule aufzumachen oder sich einfach auf eine einsame sonnige Insel zurückzuziehen und dort fortan im Champagner zu baden, bis sie irgendwann aus dem Leben scheiden. Nein, Loddar wollte lieber die Klatschspalten der bunten Magazine füllen und dort sein, wo »sehen und gesehen werden« gilt und die Fotoapparate der Paparazzi aufblitzen: im P1 in München, in der Sansibar auf Sylt oder in der Berliner Paris-Bar. Nun ist Loddar aber leider nicht die hellste Birne im Stadionflutlicht und deshalb unglücklicherweise immer für einen doofen Spruch gut. Aus seinem Munde stammen so schöne Sätze wie »Wir sind eine gut intrigierte Truppe«, »Wir dürfen jetzt nur nicht den Sand in den Kopf stecken«, »Es ist wichtig, dass man neunzig Minuten mit voller Konzentration an das nächste Spiel denkt« oder »Ein Wort gab das andere – wir hatten uns nichts zu sagen.«[8] Ganz schlimm wird es, wenn er englisch spricht – oder vielmehr versucht, eine Sprache zu sprechen, die wahrscheinlich Englisch sein soll: »Siß' are different exercises. Not only bumm!«[9]

Mit Frauen kennt sich Loddar auch aus und teilt sein Wissen und seine Erfahrungen auf diesem Gebiet nur allzu gern mit der Öffentlichkeit. Stolze vier Mal wagte er bisher den Gang vor den Traualter, man fragt sich anhand folgender Liste ja, wie ein einziger Mann das alles in einem Leben schaffen kann: Sylvia war 1981 die erste Frau an seiner Seite – elf Jahre hielt sie es mit ihm aus und damit bisher am längsten. Lolita Morena folgte von 1994 bis 1999, von 2003 bis 2007 war Marijana die Dame der loddarschen Wahl und Liliana ehelichte er 2009, ließ sich aber zwei Jahre später von ihr scheiden, um dann wieder mit ihr zusammenzukommen, bevor die Boulevardmedien die erneute Trennung verkündeten. Ja, es ist kompliziert. Vielleicht liegt das unter anderem daran, dass Loddar bei der Auswahl seiner Frauen vor allem darauf achtet, dass sie möglichst dünn sind, und weniger auf den Inhalt ihres Kopfes. Und je älter der mittlerweile Über-50-Jährige wird, desto jünger sind seine Anhängsel: das polnische Unterwäsche-Model Joanna Tuczynska wurde rund ein Vierteljahrhundert nach ihm geboren, genau wie Ex-Psychologiestudentin-dann-Mutter Ariadne Ioannou und Model Liliana. Offenbar verfügt Herr Matthäus über wenig Durchhaltevermögen: Je kürzer eine Beziehung ist, desto schneller folgt schon die nächste, und diese wiederum scheint dann leider nicht die allerbesten Chancen auf eine gewisse Konstanz zu haben.

Nicht zuletzt dank dieser amourösen Orientierungslosigkeit haben die Klatschzeitschriften also immer etwas Neues über Loddar zu berichten, und das ist meistens so schräg, dass es schon wieder amüsant sein könnte: Dank der vielen gesprächigen Hasis an seiner Seite hat die Öffentlichkeit zum Beispiel erfahren, dass Lothar Matthäus in seinem Kühlschrank die Coladosen akribisch in einer Reihe aufstellt und den Joghurt streng nach dem Mindesthaltbarkeitsdatum sortiert – und von seinen Lebensabschnittsmitbewohnerinnen erwartet er, dass sie ihn dann auch dementsprechend in der richtigen Reihenfolge verzehren. Kann man ja alles machen. »Mein Kühlschrank – mein Tanzbereich«, würde Patrick Swayze sagen, aber dann sollte man eben nicht so ein gesprächiges junges Ding zu sich nach Hause einladen, das solche peinlichen Details ganz unverblümt ausplaudert. Es wurde zum Beispiel auch berichtet, dass Loddar nicht davor zurückschreckt, die ein oder andere Optimierung anzuordnen, wenn ihm beispielsweise die Nase eines der Mädels nicht passt – so geschehen bei Ex-Psychologiestudentin-dann-Mutter Ariadne. Lothar würde sagen – und er hat es auch ernsthaft so gesagt: »Die Frauen haben sich entwickelt in den letzten Jahren. Sie stehen nicht mehr zufrieden am Herd, waschen Wäsche und passen aufs Kind auf.«[10] Tja, die Männer haben es aber auch nicht leicht. Der Loddar tut ja nur seine moderne Pflicht: Er nimmt sein Leben in die Hand, zeigt Gefühle und spricht Probleme offen an. Was dabei herauskommt, ist zumindest so absurd witzig, dass es ihm einen Platz in diesem Buch gesichert hat.

32. GRUND

Weil deutsche Sportler im Ausland schwer gefragt sind

Dirk Nowitzki wirft seit Jahren in der amerikanischen Basketball-Profiliga NBA für die Dallas Mavericks Körbe und Formel-1-Star Sebastian Vettel ist beim Team Red Bull Racing in Österreich unter Vertrag: Deutsche Sportler sind in der internationalen Sportwelt gefragt und erfolgreich. Das Ausland lockt sie mit Millionengagen, der Chance auf vordere Plätze in großen Wettbewerben oder auch mit tollen Wohnorten weltweit. Die Talente belohnen die Engagements mit Topleistungen und vollem Einsatz.

Besonders im Fußball wird gewechselt und herumgejettet, was das Zeug hält: Mario Gomez spielt in Florenz, Sami Kedhira kickt für Real Madrid, der Londoner FC Arsenal setzt auf Per Mertesacker, Lukas Podolski und Mesut Özil. So der Stand im Frühjahr 2014, ein paar Monate später kann es schon wieder ganz anders aussehen. Unter den »Wechslern« sind immer viele Bayernspieler – die dürfen im Ausland einfach häufiger auf den Rasen als in München, und das nutzen sie aus, um sich höhere Chancen auf eine Einladung zur Nationalmannschaft zu erspielen.

Mario Gomez begründete seinen Wechsel zu Florenz mit den Worten: »Ich liebe den Fußball und wollte mehr spielen.«[11] Nationaltrainer Joachim Löw sagte: »Das Ausland bringt Spieler in ihrer Persönlichkeit und sportlichen Entwicklung weiter.«[12] Die Auslandseinsätze deutscher Sportler bedeuten also nicht immer nur Verlust für ihre Heimat, sondern die kann auch davon profitieren.

33. GRUND

Weil Sportler auf hohem Niveau gefördert werden

Wenn deutsche Sportler bei internationalen Wettkämpfen Medaillen holen sollen, brauchen sie gute Bedingungen für Training und Wettkampf: Deshalb wird in Deutschland der Sport intensiv gefördert. Alle Verbände, Organisationen und Sporteinrichtungen müssen zwar eigene Einnahmen generieren, um sich zu finanzieren – unter anderem durch Ticketverkäufe für Veranstaltungen oder Beiträge von Mitgliedern. Reicht das nicht aus, hilft der Bund aus, er kann die Finanzierung ergänzen.

Ich bin in Halle (Saale) aufgewachsen und zur Schule gegangen. Das ist die Heimatstadt des Super-Schwimmers Paul Biedermann. Er trainierte dort jahrelang in einer alten Halle, in der laut seiner Aussage das Becken »vor sich hin moderte«. Mit einem kleinen geschickten Trick sorgte er jedoch dafür, dass eine neue, supermoderne Schwimmhalle gebaut wurde: Nachdem er sich 2009 bei den Schwimmweltmeisterschaften in Rom zweimal Gold gesichert hatte (über 200 und 400 Meter Freistil), dachte er laut darüber nach, aus Halle wegzuziehen, wenn seine Trainingsbedingungen dort nicht verbessert würden. Das wollte die Stadt nicht riskieren und ganze zwölf Millionen Euro wurden in die Hand genommen, damit Paul und andere Schwimmtalente in einer neuen Halle ihre Bahnen ziehen können – darunter auch Pauls Freundin Britta Steffen, die mit zu ihm in die Saalestadt zog, 2013 aber ihren Rücktritt aus dem Profisport bekannt gab. Mehr als die Hälfte des Geldes für die Schwimmhalle kam vom Land, den Rest teilten sich die Stadt und der Bund. Die Halle bietet solche Raffinessen wie eine Gegenstromanlage, in der das Wasser den Schwimmern mit einer Geschwindigkeit von bis zu 2,5 Metern pro Sekunde entgegenfließt.

Talente, die ihren Sport zum Beruf machen, brauchen nicht nur gute Trainingsmöglichkeiten, sie müssen auch ihre Miete, Essen und alles andere bezahlen können. Dabei hilft zum Beispiel die Stiftung Deutsche Sporthilfe. Sie kann junge Sportler fördern, die herausragende Leistungen bringen, also schon bei nationalen oder internationalen Wettbewerben erfolgreich sind. Die Stiftung unterstützt etwa 3.800 Athleten in Deutschland – mit Geld oder auch Nachhilfeunterricht oder Sportkleidung, die gesponsert wird. Wenn sie Medaillen holen, gibt es dafür Prämien. Zurückgeben müssen sie nur etwas, wenn sie mit dem Sport Geld verdienen, zum Beispiel durch Werbeverträge – und dann in Form eines Solidarbeitrags für die Sporthilfe. Die Stiftung Deutsche Sporthilfe gilt als die erfolgreichste unabhängige Sportförderinstitution Europas, sie selbst finanziert sich mit Spendengeldern, einer Briefmarkenserie und durch die Erlöse aus einer Lotterie.

Eine weitere Chance für junge Sportler sind die Sportfördergruppen der Bundeswehr, des Zolls und der Polizei. Dort werden sie in Teams aufgenommen und nehmen an Wettkämpfen teil, gleichzeitig werden sie aber auch zu Soldaten, Zollbeamten oder Polizisten ausgebildet. Bewerber müssen sportliche Spitzenleistungen vorweisen können und gleichzeitig die Voraussetzungen für den Polizei- beziehungsweise Wehrdienst erfüllen. Dafür ist die Übernahme in die Berufe am Ende auch so gut wie garantiert.

Schließlich muss sich so gut wie jeder Sportler eine Perspektive schaffen – für das Leben nach dem Sport, abseits von Tartanbahn, Sprunggrube oder Spielfeld.

Weil Köln die größte Sporthochschule der Welt hat

Ein Campus voll durchtrainierter junger Menschen in legeren Sportklamotten und mit Trainingstasche unter dem Arm: Das gibt es in Köln. Dort ist mit der Deutschen Sporthochschule, kurz SpoHo genannt, die einzige reine Sportuniversität Deutschlands beheimatet und die größte Einrichtung ihrer Art weltweit.

Zwischen Schwimmzentrum, Leichtathletikstadion und Tennisplätzen wird viel trainiert und in den Hörsälen gibt es die Theorie dazu. Sportmedizin, Sportökonomie, »Bewegung und Sport im Alter«: Hier werden rund 5.200 Studierende aus 59 Ländern gelehrt, was hinter dem Sport steht, welches Wissen man haben muss, um die Praxis zu verstehen und komplett zu durchdringen. Die Absolventen werden Trainer, sie gehen in den Präventionsbereich, engagieren sich im Sporttourismus oder organisieren Events, arbeiten in Ministerien oder Verbänden. Vor dem Studium steht aber die Aufnahmeprüfung, und da muss man vielfältiges Talent beweisen: 19 der geforderten 20 Disziplinen muss man bestehen – vom Sprinten über Schwimmen bis Turnen – und beispielsweise die 100 Meter schneller als in 13,4 Sekunden (Männer) beziehungsweise 15,5 Sekunden (Frauen) zurücklegen, um die Zusage zu bekommen. Das schafft rund die Hälfte der Bewerber nicht. Die andere darf sich auf ein außergewöhnliches Studium mit guten Zukunftsperspektiven freuen.

Im Westen von Köln gelegen, idyllisch im Grünen und direkt neben dem Stadion des 1. FC Köln, ist die Uni seit jeher ein sehr beliebter Studienort. Den Studenten gefallen die familiäre Atmosphäre und die vielen Möglichkeiten, die ihnen hier geboten werden, theoretisch wie auch praktisch. So kann man hier zum Beispiel Windsurfen, Drachenfliegen oder Tauchen lernen, sich damit die unterschiedlichsten sportlichen Möglichkeiten eröffnen – und nicht zuletzt eine Menge Spaß haben.

Darüber hinaus wird an der »SpoHo« natürlich auch viel geforscht. 19 Institute am Campus beschäftigen sich mit so gut wie allen Aspekten des Sports, sei es aus geistes- und sozialwissenschaftlicher Perspektive, unter erzieherischen Gesichtspunkten oder medizinisch-naturwissenschaftlich betrachtet. Davon haben alle was – zum Beispiel, wenn die Forscher rund um große Sportereignisse wie die Fußballweltmeisterschaften ihr Wissen preisgeben, sei es zum Thema Doping, Regeneration während einer Weltmeisterschaft oder der Frage, welche Rolle »der Rasenfaktor« beim Fußball denn nun genau spielt, wenn man das Spiel gewinnen will. Die Kölner zeigen, dass Sport viel mehr ist, als auf dem Sportplatz Runden zu laufen oder den Ball über den Rasen zu kicken.

35. GRUND

**Weil alle mitmachen – von »Trimm dich«
bis »Jugend trainiert für Olympia«**

Dass Bewegung gesund ist und Körper und Geist fit hält, das weiß in Deutschland jedes Kind: Es wird ihm von Eltern, Großeltern und Pädagogen früh genug gesagt. Theorie und Praxis sind aber auch hier zwei Seiten einer Medaille. Die einen sporteln schon als Steppke gemeinsam mit der Familie und Freunden, was das Zeug hält. Anderen ist die Sportlichkeit eher nicht in die Wiege gelegt. Doch zum Glück, ganz im Sinne der Gesundheit, kommt in Deutschland kaum jemand am Sport vorbei. Da wird nicht nur in Kindertagesstätten schon geturnt, gehüpft und getobt, sondern spätestens, wenn Teenager in der Schule für die Bundesjugendspiele über den Sportplatz hetzen, verfluchen sie wahrscheinlich den Bundespräsidenten, der hinter dieser Quälerei steckt. Organisierter gemeinsamer Sport hat hier Tradition.

Neben den Bundesjugendspielen, bei denen als Belohnung neben der Anerkennung der Mitschüler Siegerurkunden oder Ehrenurkunden winken, gibt es unter anderem die Initiative »Jugend trainiert für Olympia«, bei der junge Sporttalente zu Hunderttausenden zeigen, was sie in 17 olympischen Sportarten draufhaben. Die Trimm-dich-Pfade, eine Erfindung der 1970er Jahre, waren für Jung und Alt gleichermaßen gedacht: Im Freien wurden Parcours mit Sportgeräten aufgestellt, an denen jeder an der frischen Luft turnen konnte – umsonst und allein oder gemeinsam mit anderen. Die Zahl der Herzinfarkte war damals gestiegen, nachdem man sich in der Wirtschaftswunderzeit reichlich unsportlichen Speck angegessen hatte – dem wollte das Projekt unter dem Motto »Trimm Dich – durch Sport« Einhalt gebieten. Das passende Maskottchen heißt Trimmy: ein smarter, fitter Kerl mittleren Alters in Sportklamotten, der optimistisch den Daumen in die Luft reckt. Trimmy spornte die Menschen tatsächlich zu mehr Bewegung an und ermunterte sie zur Aktivität draußen, allein oder mit anderen. Die Deutschen verloren aber leider irgendwann die Lust am Turnen an den Freiluftgeräten und den betreuenden Gemeinden wurde die Pflege zu teuer: So sind die meisten der Pfade irgendwann kaputtgegangen und verschwanden. Einige wenige gibt es aber auch heute noch. Wer Lust auf Sport draußen hat, erfährt auf der Website www. trimm-dich-pfad.com, wo sich die Pfade befinden. Auch Trimmy hat »überlebt«: Er hatte später ein Comeback als Maskottchen des Deutschen Olympischen Sportbundes. Die Idee der Pfade lebt unterdessen weiter. Es werden wieder ähnliche Sportgeräte aufgestellt, zum Beispiel als Ergänzung auf Kinderspielplätzen. Und es gibt sogar »Spielplätze« für Senioren, auf denen sie spezielle Konstrukte finden, mit denen sie ihre körperliche Fitness trainieren und erhalten können.

Für wenig Geld gemeinsam mit anderen turnen kann man im Sportverein: Davon gibt es in Deutschland jede Menge, für alle möglichen Sportarten von Fußball bis Schwimmen. Mitmachen kann jeder, der Lust auf Bewegung hat. Sportvereine haben in der Regel sehr aktive Jugendabteilungen, in denen schon die Kleinsten professionell, nach modernen Methoden und mit viel spielerischem Geschick trainiert werden. Die Vereinsbewegung geht auf die Initiativen eines Mannes zurück, der den Spitznamen »Turnvater Jahn« trägt: Friedrich Ludwig Jahn begründete um 1800 die deutsche Turnbewegung, die damals einen nationalistischen Hintergrund hatte. Ganz im Sinne der alten Weisheit »Ein gesunder Geist wohnt in einem gesunden Körper« sollten Jugendliche mit »Leibesertüchtigung« fit gemacht werden, um gegen die Besetzung durch Napoleon zu kämpfen. Herrn Jahn haben wir das im Sportunterricht von vielen gehasste Geräteturnen zu verdanken, er führte Reck und Barren zur körperlichen Ertüchtigung ein.

Sportvereine, Volkshochschulen und öffentliche Plätze, auf denen man jederzeit kostenlos kicken oder laufen, Basketball oder Volleyball spielen kann: Alles in allem gibt es in Deutschland eine Menge Angebote, um sich und seinen Körper fit zu halten und den Spaß am Sport zu entdecken. Den inneren Schweinehund muss letztlich trotzdem jeder selbst vertreiben: Sport ist nur gut, wenn man ihn auch wirklich betreibt.

36. GRUND

Weil Adolf Dassler Sportkleidung neu erfand

Drei Streifen! Es sind nur drei harmlose, meistens weiße Streifen, die Adolf (»Adi«) Dassler (»Das«) einst an seine Sportklamotten und

-schuhe heftete und die bis heute eine international gefragte Marke repräsentieren sowie ein Lebensgefühl verkörpern. Im Fernsehen habe ich mal einen Test gesehen, bei dem Jogger gefragt wurden, welche Shirts sich beim Laufen am besten angefühlt haben. Vorher wurden ihnen T-Shirts günstiger No-Name-Marken zur Verfügung gestellt. Am ersten Test-Tag lief die Gruppe in diesen günstigen Shirts eine vorgegebene Strecke. Am zweiten Tag bekamen sie dann adidas-Shirts für das Training überreicht – dachten sie jedenfalls. In Wirklichkeit waren es exakt dieselben Shirts wie am ersten Tag, also die günstigen No-Name-Shirts, auf die jedoch die berühmten drei adidas-Streifen aufgenäht worden waren. Zweimal gelaufen, zweimal genau das gleiche Kleidungsstück: Aber 17 der 20 Läufer sagten, dass sich das Shirt mit den Streifen – in ihren Augen von adidas – angenehmer angefühlt habe.

Adidas ist »made in Germany«: Erfinder Adolf Dassler stammte aus dem bayrischen Herzogenaurach, wo er im Jahr 1900 geboren wurde und 1978 starb. Sein Unternehmen machte im Jahr 2011 einen Umsatz von 13,3 Milliarden Euro und erzielte damit einen Gewinn nach Steuern von 671 Millionen. Laut Selbstaussage strebt die adidas-Gruppe heute danach, »der weltweit führende Anbieter der Sportartikelindustrie zu sein – mit Sportmarken, die auf Leidenschaft für den Sport und einem sportlichen Lifestyle basieren«.[13] Dazu hat sich das Unternehmen gerade in den vergangenen Jahren verstärkt auch in Richtung Fashion orientiert, unter anderem durch Kooperationen mit Stars wie Selena Gomez und Run DMC oder Designern wie Yohji Yamamoto und Stella McCartney. Ein kluger Schachzug in Zeiten, in denen in der Mode fast alles erlaubt ist: Heute darf man in Turnschuhen in die Oper und im Abendkleid zum Schnellimbiss gehen, ohne dafür verhaftet zu werden.

Alles begann in einer Waschküche: Adolf Dassler war zwar gelernter Bäcker, fertigte aber in Mutters Haushaltsraum Leinenschuhe an, die er für zwei Reichsmark das Paar an Sportler verkaufte. Sein Bruder stieg mit ein, die beiden entwickelten spezielles

Schuhwerk für Läufer und Fußballer. Bei den Olympischen Spielen 1928 in Amsterdam gingen zum ersten Mal Sportler mit seinen Schuhen an den Start, 1932 holten diese bei Olympia in Los Angeles an den Füßen von Arthur Jonath Bronze über 100 Meter, 1936 nahm dann Jesse Owens gleich vier Goldmedaillen aus Berlin mit nach Hause. In den 1930er Jahren kamen schon 30 verschiedene Modelle für elf Sportarten aus dem Hause Dassler. Heute sind es ein paar mehr. Außerdem gibt es allerlei anderes Sportequipment wie Fußbälle, Tennisschläger oder Skier.

1948 gründete Adi Dassler mit knapp 50 Mitarbeitern adidas – sein Bruder hatte sich da schon von ihm getrennt und mit Puma eine Konkurrenzfirma eröffnet, die bis heute ein ernst zu nehmender Wettbewerber ist. 1949 stellte adidas die ersten Schuhe mit drei Streifen her: Sie standen ursprünglich für eine Verstärkung am Schuh, die dem Fuß Halt geben sollte. Diese wussten nicht nur bekannte Sportstars wie Max Schmeling, Sepp Herberger, Muhammad Ali oder Franz Beckenbauer zu schätzen, mit denen sich Dassler auch anfreundete.

Fast 47.000 Mitarbeiter sind in dem Unternehmen mit seinen 170 Tochtergesellschaften heute weltweit beschäftigt. Die Firmenzentrale sitzt nach wie vor in Herzogenaurach. Nach Dasslers Tod übernahmen seine Frau und sein Sohn das Unternehmen, die Familie schied aber 1989 aus, und adidas wurde zur AG, seit 1995 ist der Konzern börsennotiert. In der adidas-Werkstatt kann man bis heute die Füße vieler wichtiger Sportler bewundern – in Form von Leisten, nach denen ihnen spezielle Schuhe auf den Leib geschneidert wurden. Hier zeigt sich, wie etwas klein anfangen und gigantisch werden kann. Notwendig ist dafür viel Ehrgeiz, Sachverstand, Können, Fleiß und der gewisse Faktor X, der in diesem Fall aus drei unscheinbaren Streifen besteht. Der Erfolg gibt ihnen recht.

Weil hier Sommermärchen geschrieben werden

Wie genau es passiert ist, kann wohl keiner sagen. Plötzlich waren da überall diese Fahnen an den Autos und vor den Fenstern, und viele glückliche Gesichter mit albernen schwarz-rot-gold geschminkten Streifen auf den Wangen schauten einem aus dem Fernsehen und auf Zeitungsbildern entgegen. Und dann machte sich da dieses Gefühl breit, das sagte: »Wir sind ein tolles, starkes Land, und wir können alles schaffen!« Als im Jahr 2006 Deutschland die Fußballweltmeisterschaft austragen darf, entwickelt dieses Sportereignis eine so unglaubliche und packende Dynamik, dass ein ganzes Land davon ergriffen wird und plötzlich alles möglich scheint, nicht nur im Fußball.

Ein »Sommermärchen« wurde es genannt, dieses Spektakel, das sich da vier Wochen lang bei bestem, oft richtig heißem Wetter und ausgelassener, friedlicher Stimmung in den Stadien von Berlin bis Stuttgart, vor den vielen »Public Viewing«-Leinwänden und bei spontan zusammengetrommelten privaten Treffen vor den Bildschirmen abspielte. Jeder guckte zu, ob er nun verstand, was da auf dem Spielfeld genau passierte oder auch nicht. Auch Leute, die sich vorher nicht groß um diesen Sport geschert hatten, ließen sich plötzlich von seiner Magie mitreißen. Ignoranten und Unwissende wurden zu echten Fans. Und alle saßen sie Seite an Seite, fieberten mit, jubelten, jammerten oder weinten bittere Tränen. Sie feierten nach den Spielen und freuten sich gemeinsam auf den nächsten Termin. Es ging um Fußball, aber auch um viel mehr.

Dass in diesem ganzen Wirbel plötzlich viele so selbstbewusst und selbstverständlich die deutsche Fahne wehen ließen oder sich gar im schwarz-rot-goldenen Komplettlook kostümierten, wurde auch kritisch diskutiert. Es war jedoch vor allem eine Art Befreiungsschlag: »Wir« wollten Fußballweltmeister werden – »wir Deutsche«!

Das deutsche Team kickte sich mit so viel Rückenwind von den Fans auch tatsächlich mit anscheinend großer Leichtigkeit sehr weit voran. Es besiegte erst alle Gegner seiner Gruppe (Costa Rica, Polen und Ecuador), ging als Gruppenerster gestärkt ins Achtelfinale, wo es die Schweden nach Hause schickte, und konnte in der Verlängerung auch das Viertelfinale gegen Argentinien für sich entscheiden. Der Klassiker im Halbfinale Deutschland gegen Italien brachte dann jedoch die Ernüchterung: Die Italiener entschieden das Spiel für sich, für Deutschland war der Traum vom WM-Sieg ausgeträumt. Eine Woge der Trauer ging durchs Land. Doch allen war auch inmitten dieser Traurigkeit klar, dass dies mehr war als nur ein sportlicher Wettbewerb.

Und letztlich reichte es noch für einen souveränen dritten Platz, den sich die Mannschaft mit einem Sieg gegen Portugal sicherte. Miroslav Klose wurde außerdem dank seiner insgesamt fünf Tore im Turnier zum Torschützenkönig ernannt. Ganz egal war die Niederlage natürlich nicht, die Euphorie hat sie ganz klar getrübt. Aber was blieb, das war viel wertvoller und nachhaltiger: ein neues deutsches Selbstbewusstsein.

Einen verdammt guten Riecher hatte in dieser Sache übrigens der Regisseur Sönke Wortmann: Er begleitete die deutschen Nationalkicker in der Vorbereitung und während der WM mit der Kamera und drehte eine Doku, die als Fernsehproduktion geplant war, dann aber ab Oktober 2006 unter dem Titel *Deutschland. Ein Sommermärchen* vier Millionen Fans in die Kinos lockte. Im TV wurde der Film im Dezember desselben Jahres trotzdem gezeigt: Elf Millionen Zuschauer waren dabei. Wortmann hatte mit dem Film *Das Wunder von Bern* bereits Erfahrung damit, die Magie des Themas Fußball einzufangen. Aus über 100 Stunden Material machte der Regisseur etwa 108 Minuten feinen Kinostoff – der bei etlichen Menschen heftige Gänsehaut hervorrufen sollte. Ein echtes Märchen eben.

Weil der Volkssport Fußball wirklich einer ist

Ein Ball, ein Stück schöner grüner Rasen, zwei Tore und ein paar knackige Spieler oder Spielerinnen: Mehr braucht es nicht für Deutschlands beliebtesten Sport. Fußball ist für viele Menschen wie Kaffeetrinken – die meisten können nicht ohne, es macht einfach Spaß, und wenn man mal drauf verzichten muss, hat man schnell einen Jieper darauf. Aber an manchen Tagen erwischt man auch eine üble Brühe, die einem so gar nicht schmecken will – wenn der Lieblingsverein absteigt, man auf dem Rasen nur noch langschlittert, weil es dauerregnet oder einem das fiese Foul den Schmerz direkt in den nicht mehr ganz so jungen Rücken schießt. Egal, ob man selbst kickt oder nur zuguckt und klugscheißt, Fußball ist ein Volkssport durch und durch. Er holt die Kids von der Straße, hält Bierbäuche in Schach, bedeutet Schweiß und Tränen, steht für Euphorie und Trauer, Sieg und Niederlage, Leidenschaft, Drama, Treue und Verbundenheit. Klingt etwas dramatisch, aber hier geht es wirklich um pure Emotionen.

Rund sechs Millionen Menschen in Deutschland spielen aktiv im Verein. Etwa 27.000 Vereine bieten das organisierte Kicken in der Gemeinschaft und mit Trainer an. Darüber hinaus wird auf vielen öffentlichen Plätzen gebolzt, was das Leder hergibt. Beim Training der letzten Regionalliga sitzen selten Mädels vom Typ »Spielerfrau« am Rand, die Frauen dieser Männer führen ein eigenes Leben. Zum Glück. Mit den Millionengagen vieler Top-Spieler, teilweise sauteuren Eintrittskarten zu wichtigen Spielen und dem Glamour der VIP-Tribünen riesiger Stadien wie der Allianz Arena in München hat das wochenendliche Allerwelts-Fußballleben wenig zu tun. Der Fußball hat sich nach wie vor seine Ursprünglichkeit bewahrt. Und im Kern ist es immer noch ein einfaches Spiel mit einfachen Regeln, das aber Generationen und Völker verbindet.

Fußball hat jedoch auch Schattenseiten: Gewalt, Kommerz, Betrug. Radikale Fans haben sogar schon dafür gesorgt, dass Spiele ohne Zuschauer stattfinden mussten, weil es schlicht zu gefährlich gewesen wäre, die Rowdys im Stadion zu haben, wie sie Flaschen werfen oder in der Menschenmenge Feuerwerkskörper zünden. Neben aggressiven Zuschauern gibt es aber auch andere Probleme: Die Wurst am Stadionkiosk wird immer teurer, und einige Schiedsrichter und Spieler sind bestechlich. Das sind die negativen Aspekte, die es wohl leider immer gibt, je größer ein Phänomen ist. Fußball ist und bleibt trotzdem für viele ein großer Freizeitspaß.

Dass man in einer x-beliebigen Männerrunde gut über Fußball fachsimpeln kann, ist so sicher wie der Sendetermin der *Sportschau* am späten Samstagnachmittag. Aber der Sport ist längst nicht mehr nur eine Männerdomäne. Auch immer mehr Frauen schauen zu und spielen selbst. Die deutsche Frauenfußball-Nationalmannschaft wurde sogar achtmal Europameister und holte sich zweimal den Weltmeistertitel: Spätestens damit haben sich die weiblichen Spieler Respekt verschafft. Und dass auch die meisten Frauen unter den Zuschauern verstehen, was Abseits bedeutet, das sollte mittlerweile bekannt sein. Die Damen können ebenfalls mitreden und werden von den männlichen Fans zunehmend an ihrer Seite akzeptiert. Der Testosteronlevel bei einem hitzigen Spiel kann schließlich etwas Ausgleich am Spielfeldrand gut gebrauchen.

39. GRUND

Weil es für viele Profis ein spannendes Leben nach dem Sport gibt

»Es gibt auch ein Leben nach dem Sport«[14], sagt eine deutsche Frau, die es wissen muss: Ex-Erfolgsschwimmerin Franziska van Almsick. Sie ist eine von den vielen ehemaligen deutschen Top-Sportlern, die einen guten Übergang in das sogenannte »Leben danach« gefunden haben. Nach mehreren Titeln als Europa- und Weltmeisterin sowie Weltrekorden beendete »Franzi« 2004 ihre Karriere. Heute ist sie Aufsichtsratsmitglied der Deutschen Sporthilfe, hatte lukrative Werbeverträge, kommentiert Schwimmwettbewerbe, setzt sich für humanitäre Hilfe ein, hat unter anderem ein Kinderbuch übers Schwimmenlernen geschrieben und privat eine Familie gegründet.

Ex-Tennisspieler Boris Becker, einst jüngster Sieger von Wimbledon und 49-facher Turniersieger, führte unter anderem zwölf Wochen die Weltrangliste an, bevor er im Jahr 1999 zurücktrat. Nach der Sportkarriere fiel er allerdings eher durch viele Frauengeschichten (»Besenkammeraffäre«, »Teppichluder«, Blitz-Verlobung mit der Tochter seines Ex-Managers und inzwischen Exfrau von Oliver Pocher »Sandy« …) auf sowie durch ungeschickte Entscheidungen wie der Gründung seiner eigenen Videoplattform im Internet (Boris-Becker.TV9), auf der er etwas zu viel über sich selbst redet. Darüber hinaus hat aber auch er sich als Geschäftsmann etabliert, Autohäuser geführt, Werbung für Bier, Baumärkte oder Versicherungen gemacht und wurde als Kommentator und Reporter fürs Fernsehen eingesetzt sowie als Kolumnist in Printmedien. Seit seiner Hochzeit mit Sharlely »Lilly« Kerssenberg 2009 scheint er endlich auch privat angekommen zu sein, auch wenn er zuweilen mit Großkotzigkeit unangenehm auffällt. Und, wer kann das schon von sich behaupten: Mit der »Bufonaria borisbeckeri« wurde eine Meeresschnecke nach ihm benannt.

Franz Beckenbauer, einer der ehemals besten Fußballer der Welt – Spitzname »Der Kaiser« –, hat sich nach der Karriere auf dem Rasen als Teamchef und Sportfunktionär verdingt, war unter anderem Vizepräsident des DFB und Mitglied des Exekutivkomitees der FIFA – das höchste Entscheidungsorgan des internationalen Fußballs. Heute ist er Vorsitzender der FIFA Task Force Football 2014, die sich mit der Zukunft des Fußballs beschäftigt. Er hat natürlich auch Werbung gemacht (»Ja, ist denn heut' schon Weihnachten?«) und unterstützt mit einer eigenen

Stiftung Menschen, die eine Behinderung haben, bedürftig oder unverschuldet in Not geraten sind. Nicht zuletzt motiviert sein besonders prägnanter bairischer Dialekt immer wieder Hobby- und Profi-Stimmenimitatoren zum Nachahmen – auch damit wird er wohl unsterblich bleiben.

Andere ehemalige erfolgreiche Fußballer wie Michael Rummenigge eröffneten Fußballschulen für den Nachwuchs. Manche wenden sich aber ganz von ihrem früheren Metier ab: Dieter Baumann zum Beispiel, der einst über die »Zahnpasta-Affäre« stolperte. Als der Langstreckenläufer 1999 des Dopings bezichtigt wurde, beteuerte er seine Unschuld und versuchte das auch zu beweisen. Dazu präsentierte er unter anderem Zahnpastatuben, die manipuliert worden sein sollen, und unterzog sich einem Test mit einem Lügendetektor. Baumann hat sich nun jüngst recht erfolgreich als Kabarettist versucht und mit *Körner, Currywurst, Kenia* das Publikum überzeugt, sein neustes Programm heißt *Dieter Baumann, die Götter und Olympia*. Außerdem trat er in einer Bühnenversion des Siegfried-Lenz-Romans *Brot und Spiele* auf.

Was machen die vielen ehemals so erfolgreichen deutschen Ex-Sportler? Sie bleiben dem Sport treu und werden Trainer oder geben ihr Expertenwissen am Rand weiter. Oder sie gehen ganz neue Wege. Die Deutschen bleiben ihnen auf jeden Fall treue Fans und verzeihen ihnen häufig so manche private Eskapade.

40. GRUND

Weil der deutsche Sport Idole wie Steffi Graf hervorbringt

Diszipliniert, bescheiden und durchsetzungsstark – mithilfe dieser Qualitäten ging ein junges Mädchen aus Brühl in die Annalen der Tennisgeschichte ein: Steffi Graf. Die nette Blonde mit der großen Nase war ein Ausnahmetalent, das konsequent gefördert wurde und zu einer der erfolgreichsten Tennisspielerinnen aller Zeiten wurde. Sie ist eins der vielen guten Beispiele für große deutsche Sportidole.

Stefanie Maria Graf, geboren am 14. Juni 1969 in Mannheim, wird schon im Alter von drei Jahren zum ersten Mal von ihrem Vater Peter ein Tennisschläger in die Hand gedrückt. Er selbst hat erst als Erwachsener den Tennissport für sich entdeckt und vom Versicherungskaufmann und Gebrauchtwagenhändler zum Tennistrainer »umgeschult«. Er erkannte das Talent seiner Tochter und förderte es gezielt. Mit fünf Jahren gewann Steffi ihr erstes Turnier; als sie neun Jahre alt war, entschied sich Peter Graf dafür, seinen Job aufzugeben und sich fortan hauptberuflich der Ausbildung von Steffi auf dem Tennisplatz zu widmen.

Schnell und mit harter Vorhand beeindruckte das Mädchen nicht nur ihre Gegner und die Zuschauer der Spiele, sie wurde auch bald von Journalisten zum »Wunderkind« ernannt. Bundestrainer Klaus Hofsäss nannte sie das größte Talent, das es in Deutschland je gegeben habe, und beschrieb sie als in ihrer Altersklasse weltweit konkurrenzlos. Steffi Graf sollte sie alle nicht enttäuschen. Mit gerade mal 13 Jahren wurde sie Profispielerin. Die Kritik daran, dass so ein junges Mädchen sich schon so intensiv mit dem Sport beschäftigte, vertrieb sie mit dem Satz: »Ich will es aber so.«[15] Tennis, Tennis, Tennis – viel mehr gab es im Leben dieses Teenagers nicht. Sie hatte sich offenbar aus voller Überzeugung dem Sport verschrieben, lebte, liebte und kämpfte bis zum Letzten dafür.

Und ihr enormer Fleiß sowie ihr Durchhaltevermögen wurden belohnt, sie erspielte sich einen Erfolg nach dem anderen. Die Bilanz am Ende ihrer Karriere: 22 Grand-Slam-Siege, 377 Wochen Nummer eins der Weltrangliste und fünfmal »Sportlerin des Jahres«. Im Jahr 1988 gewann sie bei allen vier Grand-Slam-Turnieren und wurde Olympiasiegerin. Diesen Mega-Erfolg nennt man »Golden Slam«, und vor und nach ihr ist er keiner anderen Tennisspielerin weltweit jemals gelungen. Bei den Herren hat es unter anderem ihr späterer Mann Andre Agassi geschafft.

Auf Phasen des durchschlagenden Erfolgs folgten Krisen, hervorgerufen einmal von körperlichen Verletzungen durch das harte Training und auch durch immer mehr ernst zu nehmende Gegnerinnen. Aber es gab auch eine private Affäre: 1995 wurde Vater Peter festgenommen. Er stand unter dem Verdacht der Steuerhinterziehung. Das Geld muss ihm zu Kopf gestiegen sein, Zeitzeugen berichten, wie er die Scheine in Plastiktüten herumgetragen haben soll, und Antritts- und Preisgelder von Steffi waren mehrmals im Ausland verschwunden. Peter Graf wurde deshalb 1997 zu drei Jahren und neun Monaten Haft verurteilt. 2013 ist er verstorben, in den letzten Wochen seines Lebens soll er hart mit sich selbst ins Gericht gegangen sein und seine Familie um Vergebung gebeten haben.

Das schneeweiße Image der Familie war durch ihn beschmutzt worden – eine Schmach für Steffi. Sie ertrug es tapfer, blieb im Training dran und präsentierte im Jahr 1999 noch einmal ein grandioses Comeback mit einem Sieg gegen die Weltranglistenerste Martina Hingis bei den French Open. Kurze Zeit später erklärte sie ihren endgültigen Rücktritt vom Profisport.

2001 heiratete Steffi den ebenfalls sehr erfolgreichen Tennisspieler Andre Agassi, und die beiden gelten bis heute als absolutes Traumpaar. Die zweite Karriere der Tennisspielerin Steffi Graf ist vielfältig: Sie macht Werbung für Nudeln oder Tee, engagiert sich für traumatisierte Kinder, betreibt eine Fitnessstudio-Kette für Frauen – und lebt bis heute glücklich mit ihrem Mann und den beiden gemeinsamen Kindern Jaden Gil und Jaz Elle in Las Vegas. Öffentliche Auftritte sind sehr selten geworden, sie hat sich ins Private zurückgezogen. Wann immer sie sich aber bei Terminen sehen lässt, sind viele Fans zugegen, die ihr ihre Verehrung zeigen, sie mit Blumen und Briefen beschenken – und sie lächelt ihr scheues Lächeln, das sie so sympathisch macht. Steffi Graf ist nur ein Beispiel für die vielen Sportler, die Deutschland hervorgebracht hat – und die dieses Land liebenswert machen.

KAPITEL 5

Nach vorn schauen – und zurück

Ein Blick in die Geschichte

Weil sich das Land seiner Geschichte stellt

Der Mai 1945 und die Zeit danach werden auch »Stunde null« genannt: Ein scheußlicher Krieg war beendet, die Welt eine andere geworden. Die Menschen mussten nach vorn schauen, mussten die eigenen Wunden versorgen, und Deutschland musste wieder aufgebaut werden. Ihr Blick ging nach vorn, aber die Vergangenheit war alles andere als vergessen.

Richard von Weizsäcker sagte in einer Rede 40 Jahre nach der deutschen Kapitulation: »Es geht nicht darum, Vergangenheit zu bewältigen. Das kann man gar nicht. Sie lässt sich ja nicht nachträglich ändern oder ungeschehen machen. Wer aber vor der Vergangenheit die Augen schließt, wird blind für die Gegenwart.« Er erklärte, dass der 8. Mai – der Tag der Kapitulation – dem Schicksal gemäß bei jedem Volk eigene Gefühle auslöst und die Deutschen den Tag unter sich begehen, denn: »Wir müssen die Maßstäbe allein finden. Schonung unserer Gefühle durch uns selbst oder durch andere hilft nicht weiter. Wir brauchen und wir haben die Kraft, der Wahrheit, so gut wir es können, ins Auge zu sehen, ohne Beschönigung und ohne Einseitigkeit.« Und: »Der 8. Mai ist für uns vor allem ein Tag der Erinnerung an das, was Menschen erleiden mussten. Er ist zugleich ein Tag des Nachdenkens über den Gang unserer Geschichte. Je ehrlicher wir ihn begehen, desto freier sind wir, uns seinen Folgen verantwortlich zu stellen.«[16] Der Nationalsozialismus und seine Verbrechen wurden und werden intensiv aufgearbeitet – auf juristischer Ebene genauso wie unter wissenschaftlichen Gesichtspunkten und hinsichtlich von Fragen der Zivilgesellschaft. Dabei geht es immer auch darum, zu verstehen, was passiert ist und warum, und natürlich wird auch diskutiert, wie man für die Zukunft so etwas Schreckliches verhindern kann, denn es ist klar: Der Holocaust darf sich nicht wiederholen, und daran müssen alle mitarbeiten.

Das Thema wird immer mit Scham und Schuldgefühlen behaftet sein, und so war es vor allem in den ersten Nachkriegsjahren geradezu ein Tabu, darüber zu sprechen. Viele Menschen sagten, sie hätten nicht gewusst, welche Verbrechen im Krieg wirklich passierten. Politiker, Richter oder Journalisten mit nationalsozialistischer Vergangenheit blieben häufig vorerst in Verantwortung. Trotzdem setzte sich ein Prozess in Bewegung: Geraubtes wurde erstattet, Opfer wurden finanziell entschädigt, die wichtigsten Täter wurden im Rahmen der sogenannten Auschwitz-Prozesse ab 1963 vor Gericht gestellt und verurteilt, außerdem wurde die Verfassung geändert. Es wurde unter anderem die Verjährung für Mord und Völkermord aufgehoben, um Verbrechen des Nationalsozialismus unbefristet verfolgen zu können.

Vor allem in den 1970er-Jahren wurde die Diskussion um die Vergangenheit, um Schuld und Sühne, noch lauter, die Fragen der Vergangenheitsbewältigung wurden stärker und offener diskutiert. Später folgten unter anderem Mitte der 1980er-Jahre eine Auseinandersetzung über die Einordnung der NS-Zeit und den Völkermord – Historikerstreit genannt – und die Verhandlungen über das Holocaust-Denkmal in Berlin, das 1999 vom Bundestag beschlossen wurde. Deutschland musste, muss auch heute noch und wird in Zukunft einen Weg finden müssen, mit seiner Vergangenheit umzugehen. Dieser Prozess ist nicht abgeschlossen und wird es wohl auch in Zukunft nie sein, jede Generation wird sich in diesem Zusammenhang wieder neu finden müssen.

42. GRUND

Weil es Menschen wie Sophie und Hans Scholl gab

Sie waren jung, als der Nationalsozialismus Deutschland mehr und mehr in Beschlag nahm, und sie wollten nicht hinnehmen, was um sie herum geschah, und tatenlos dabei zuschauen. Doch ihr Engagement sollte für sie tödliche Folgen haben. Die Geschwister Hans und Sophie Scholl schlossen sich in ihrer Studentenzeit in München der Widerstandsorganisation »Weiße Rose« an. Als sie im Februar 1943 an ihrer Uni Flugblätter gegen Diktator Adolf Hitler und den Krieg auslegten, wurden sie dabei vom Hausmeister Jakob Schmid erwischt. Der verriet die beiden jungen Leute. Nur vier Tage später wurden die Geschwister vor den Volksgerichtshof gestellt, wo über sie das Todesurteil verhängt wurde. Dieses Urteil wurde noch am selben Tag vollstreckt: Hans und Sophie Scholl, damals 24 und 21 Jahre alt, starben am 22. Februar 1943. Sie wurden mit Hilfe einer Guillotine brutal enthauptet.

Diese jungen Menschen sind zu einem Symbol geworden für den Widerstand gegen das Nazi-Regime, an dem viele weitere mutige und engagierte Menschen beteiligt waren. Einzelne Namen wie Georg Elser, der für den Attentatsversuch auf Adolf Hitler vom 8. November 1939 verantwortlich war, sind damit verbunden, wie auch Gruppen wie die Weiße Rose, die Rote Kapelle oder der Kreisauer Kreis. Aus Parteien und Organisationen ging Widerstand hervor, unter anderem von den Sozialdemokraten, es gab Initiativen seitens der Gewerkschaften, des Adels, der Kirche oder von Jugendgruppen. Auch einzelne Personen versteckten Juden bei sich zu Hause und riskierten damit ihr eigenes Leben, sie verweigerten als Soldaten den Dienst oder halfen Zwangsarbeitern, indem sie ihnen heimlich Essen brachten und sie damit vor dem sicheren Tod durch Verhungern bewahrten. Aus politischen Motiven, ihrem Glauben sowie Ethos heraus haben Menschen ihr Leben riskiert und oft auch verloren, um sich gegen den Faschismus in Deutschland einzusetzen. Mit Mut allein lässt sich dieses Verhalten nicht erklären, es steht für echtes Mitgefühl, und es lässt sich kaum ausreichend würdigen.

Jakob Schmid – der Mann, der Hans und Sophie Scholl wegen des Verteilens der Flugblätter verraten hat – wurde nach dem Krieg vor dem Hintergrund des Entnazifizierungsgesetzes der Amerikaner angeklagt und unter der Prämisse, keine Rache zu verüben, sondern Recht zu sprechen, im Juni 1946 als Hauptschuldiger zu fünf Jahren Arbeitslager verurteilt. Schmid war seit 1933 Mitglied der SA gewesen und Funktionär geworden, sein Gauleiter hatte ihm für sein Verhalten mit einem Händedruck sowie 3.000 Reichsmark gedankt und ihn zum Truppenführer ehrenhalber ernannt.

An die Geschwister Scholl erinnern heute der Geschwister-Scholl-Platz in München mit einem in Stein eingelassenen Flugblatt der Weißen Rose, das Geschwister-Scholl-Institut für Politikwissenschaft an der Uni München sowie der Geschwister-Scholl-Preis der Stadt. Außerdem sind viele Schulen in ganz Deutschland nach Hans und Sophie benannt.

43. GRUND

Weil Nürnberg sich für Menschenrechte einsetzt

Bis zu mehr als eine halbe Million Menschen trafen sich in der Zeit des Nationalsozialismus in Nürnberg zu den Reichsparteitagen des Deutschen Volkes. Jeweils meist acht Tage lang wurde dort auf dem sogenannten Reichsparteitagsgelände die Verbundenheit von NSDAP-Parteiführung und Volk kundgetan. Noch heute zeugen unter anderem die riesige Zeppelinbühne – von Albert Speer entworfen – und die Ruine der unvollendeten Kongresshalle vom Größenwahn Hitlers. Die Kongresshalle wurde stehen gelassen und erhalten, um sie als Dokumentationszentrum für Besucher zu öffnen. Ulrich Maly, Oberbürgermeister von Nürnberg, hat einmal von der »Stadt der Täter« gesprochen. Hier konnten sie sich produzieren, hier kamen sie aber auch vor Gericht, als nach Kriegsende die Nürnberger Prozesse im Justizpalast stattfanden.

Bis heute ist der Name Nürnberg also sehr eng mit dem Nationalsozialismus verbunden, und die Stadt muss mit dieser Vergangenheit leben und umgehen. Sie engagiert sich stark dafür, ihre Geschichte aufzuarbeiten, indem sie sich für Frieden und Menschenrechte einsetzt. Im Jahr 2001 gab sie sich selbst ein Leitbild, das mit folgendem Satz beginnt: »Wir verpflichten uns aufgrund der besonderen geschichtlichen Verantwortung Nürnbergs zur aktiven Verwirklichung der Menschenrechte.«[17]

Seit 1995 vergibt Nürnberg alle zwei Jahre den Menschenrechtspreis, mit dem Menschen ausgezeichnet werden sollen, die sich mit ihrem Engagement Gefahren aussetzen. Im Jahr 2013 ging der Preis zum Beispiel an Kasha Jacqueline Nabagesera aus Uganda, die gegen Homophobie kämpft. Es gibt ein Menschenrechtsbüro in Nürnberg, das einzige seiner Art in Deutschland, mit dem die Stadt ihr historisches Erbe zu einem positiven Auftrag für die Zukunft formulieren will. Alle Mitarbeiter der Stadt müssen an einer Schulung zur Menschenrechtsbildung teilnehmen, in der es um die Haltung seinen Mitmenschen gegenüber und um Respekt geht. Es wird zum Beispiel vermittelt, wie wichtig es ist, gegen Diskriminierung anzugehen, dass Diskriminierung eine Realität ist, die alle betrifft, nicht nur einzelne Gruppen von Menschen. Und dass man für ein demokratisches Zusammenleben, das von Respekt geprägt ist, verstehen muss, was Diskriminierung ist, wo und wie sie passiert und wie man dagegen angehen kann. Das Menschenrechtsbüro hat außerdem eine Antidiskriminierungsstelle eingerichtet, die Flüchtlingsfragen klärt, sich gegen Rechts einsetzt oder mit dem Thema Ethik in der Pflege auseinandersetzt.

Und Menschenrechtsarbeit kann auch grün sein: So wurden zum Beispiel 70 Ginkgo-Bäume in der Stadt gepflanzt – jeder von ihnen steht für einen Artikel der Allgemeinen Erklärung der Menschenrechte. Manchmal sind die kleinen Zeichen die wirksamsten.

Weil vergeben nicht vergessen heißt

Forgiving Dr. Mengele (dt.: Doktor Mengele vergeben) heißt ein Dokumentarfilm aus dem Jahr 2006, in dem gezeigt wird, welche furchtbare ganz persönliche Erfahrung Eva Mozes Kor mit dem Holocaust verbindet: Die gebürtige Rumänin kam mit ihrer Zwillingsschwester Miriam 1944 ins Konzentrationslager nach Auschwitz, wo die Kinder schnell von ihrer Mutter getrennt wurden. Denn der skrupellose KZ-Arzt Josef Mengele benutzte für seine medizinischen Experimente besonders gern Zwillinge. Er spritzte Eva wie vielen anderen Gefangenen einen Cocktail aus Krankheitserregern oder Gift: Er wollte sehen, was dann mit ihnen passiert, welche Wirkung die Injektionen hatten – bis hin zum Tod. Und wenn Eva gestorben wäre, hätte das auch das Todesurteil für Miriam bedeutet. Mengele hätte dann auch sie binnen kurzer Zeit töten lassen, weil dann beide Schwestern hätten obduziert und die Ergebnisse verglichen werden sollen.

Eva kämpfte mit aller Kraft gegen die Krankheit an, die bei ihr durch die Spritzen ausgelöst wurde – immer im Bewusstsein, dass ihr Tod auch den von Miriam bedeutet hätte. Sie hatte Glück und überlebte tatsächlich. Im Januar 1945 kamen die Mädchen nach der Befreiung des KZs durch die Rote Armee frei. Eva und Miriam gingen nach Israel und später nach Amerika. Leider starb Miriam im Jahr 1993 in Israel an den Spätfolgen von Mengeles Experimenten, denn der grauenhafte Doktor hatte auch ihr etwas gespritzt. Auch dass Eva der Schwester eine Niere spendete, konnte sie leider nicht mehr retten und vor dem Tod bewahren.

Trotz allem sagt Eva Mozes Kor, die heute Mitte 70 ist: »In meinem eigenen Namen vergebe ich allen Nazis.«[18] Sie spricht diesen Satz im Jahr 1995 bei einer Veranstaltung in Auschwitz laut aus, wo an die Befreiung des KZs 50 Jahre zuvor gedacht wird. Sie hatte zu diesem Termin einen Kollegen von Mengele mitgenommen: Hans Münch. Der hatte ebenfalls im KZ gearbeitet, aber keine Experimente an Menschen durchgeführt. In einem Prozess, in dem er als Kriegsverbrecher angeklagt war, wurde er freigesprochen. Diesen Arzt hatte Eva Mozes Kor nach Miriams Tod besucht. Dabei traf sie auf einen Mann, der schwer unter seinen Schuldgefühlen litt, den deshalb Depressionen und Albträume plagten. Das bewegte sie so sehr, dass sie einen Brief an ihn schrieb, in dem sie ihr Verzeihen aussprach.

Eva Mozes Kor hat andere Zwillinge gesucht, an denen die fatalen Experimente im Konzentrationslager durchgeführt wurden. Mehr als 120 Überlebende hat sie gefunden. Sie gründete eine Organisation namens CANDLES, die Abkürzung steht für Children of Auschwitz Nazi Deadly Lab Experiments Survivors. Diese soll dafür sorgen, dass die Opfer der schrecklichen Verbrechen behandelt werden können und dass die Hintergründe der Experimente und die medizinischen Folgen erfasst werden.

Viele Menschen kritisierten Eva Mozes Kor dafür, dass sie in Auschwitz sagte, dass sie allen Nazis vergebe. Vor allem andere ehemalige Gefangene, die ebenfalls in diesem Konzentrationslager leiden mussten, können das nicht verstehen. Sie glauben nicht, dass man dem Bösen vergeben kann. Aber Kor hat erfahren, wie das Vergeben ihr den Schmerz genommen hat. Sie wollte sich nicht mehr als Opfer fühlen, und ihr persönlicher Weg dorthin führte sie über das Verzeihen, hat sie erklärt. Gleichzeitig betont sie, dass ein Opfer alles tun kann, nur nicht das ändern, was passiert ist. Sie hat vergeben, aber nicht vergessen.

Fragt man Menschen aus Israel, ob sie den Nationalsozialisten ihre Verbrechen vergeben können, dann sind die meisten von ihnen dazu noch nicht bereit. Bei einer Umfrage des israelischen Zentrums für Akademische Studien unter 500 Erwachsenen sagten 23 Prozent, dass es 65 Jahre nach dem Holocaust an der Zeit sei, den Deutschen den Holocaust zu vergeben. 70 Prozent stimmten dagegen, die anderen waren sich unsicher. Unter denen, die verzeihen können, waren besonders viele ältere Menschen, und einige von ihnen waren sogar direkt vom Holocaust betroffen gewesen. Die Autoren der Studie glauben, dass das in der alterstypischen Sehnsucht nach Harmonie begründet ist. Senioren glauben wohl an eine »bessere Welt« und wollen negative Dinge im Nachhinein nicht mehr so schwer nehmen. Eva Mozes Kor hat an das Gute in jedem Menschen geglaubt und wählte den Weg des Verzeihens. Sie war kein Opfer, sie war stark.

45. GRUND

Weil jede Generation neu über die Vergangenheit nachdenkt

Wenn es im Geschichtsunterricht an das Kapitel »Zweiter Weltkrieg« geht, ist dem Lehrer die Aufmerksamkeit der meisten Schüler gewiss. Sie wollen verstehen, was da in ihrem Land passiert ist. Denn sie spüren, dass ihrer Heimat ein dunkles Erbe hinterlassen wurde, das auch sie – obwohl sie lange nach der Zeit des Nationalsozialismus geboren worden sind – mittragen müssen. Wie konnten die Nazis an die Macht kommen, und warum mussten so viele Menschen sterben? Dass dieses Thema Deutschland nach wie vor sehr belastet, ist ihnen bewusst – und auch, dass sie deshalb unfreiwillig Teil des Ganzen sind. Jede neue Generation versucht immer wieder, auf ihre eigene Weise für sich einen Weg zu finden, um damit umzugehen.

Laut einer Studie der Freien Universität Berlin ist die Schule beim Thema Geschichte eine sehr wichtige Wissensquelle: 80 Prozent der befragten Schüler neunter und zehnter Klassen an deutschen Gymnasien, Real- und Hauptschulen gaben an, dass sie ihre Kenntnisse über historische Ereignisse in erster Linie aus dem Unterricht, aus Lehrbüchern und von ihren Lehrern beziehen. Umso wichtiger ist ein guter Geschichtsunterricht, gerade beim Thema Holocaust. In den meisten Schulen gehört auch der Besuch eines Konzentrationslagers wie Buchenwald bei Weimar zum »Pflichtprogramm« irgendwann im Laufe eines Schullebens. Oder es werden bekannte Bücher wie *Das Tagebuch der Anne Frank* gelesen. Für junge Menschen ist gerade dieser persönliche Blick auf das Thema spannend, der in solchen Erlebnisberichten sichtbar wird. Sie wollen erfahren, wie Jugendliche die NS-Zeit erlebt haben.

Auch die Familien müssen Verantwortung übernehmen und ihren Kindern vorleben, wie man möglichst offen, kritisch und reflektiert mit dem Thema umgeht. Heute sind noch viele Großeltern mögliche Ansprechpartner, die ihren Enkeln »von damals« berichten können, weil sie den Nationalsozialismus selbst miterlebt haben. Solche Gespräche von Angesicht zu Angesicht sind überaus wichtig und lehrreich. Aber bald wird es keine Zeitzeugen mehr geben, und die Naziherrschaft wird in Zukunft mehr und mehr etwas werden, was man nur noch aus Geschichtsbüchern oder Filmen kennt. Trotzdem wird sich jede Generation in Deutschland neu mit der Vergangenheit ihres Landes auseinandersetzen müssen – und auch wollen.

46. GRUND

Weil es die 68er gibt

Die Studenten der 1960er-Jahre in Deutschland lassen sich die Haare wachsen, ziehen Parkas über und pfeifen auf die Konventionen ihrer Eltern. Mit Sprüchen wie »Wer zweimal mit derselben pennt, gehört schon zum Establishment« machen sie klar, dass sie Deutschland seine Spießigkeit austreiben wollen.

Diese Nachkriegsgeneration ist jung, frei und will das ausleben – sie geht auf die Straße, zieht in Lebensgemeinschaften zusammen und wechselt die Geschlechtspartner häufiger als die Socken. Heftiger hätte der Kontrast zu vorher nicht sein können: In einer gemeinsamen Wohnung zu leben oder gar Sex zu haben, ohne verheiratet zu sein, war beispielsweise in den 1950er-Jahren in Deutschland undenkbar. Fragt man die damalige Generation, was sie alles nicht durfte, kann man sich heute kaum vorstellen, dass das nur knapp 60 Jahre her ist.

Es geht den »Hippies« damals aber nicht nur um Drogen und Spaß und freie Liebe, sondern vor allem auch um Politik: Sie kritisieren den Kapitalismus und die parlamentarische Demokratie und demonstrieren gegen den Vietnamkrieg sowie für mehr Mitbestimmung an den Unis (mit der Parole»Unter den Talaren – Muff von 1.000 Jahren«).

Doch es bleibt leider nicht friedlich: 1968 kommt es zur heftigen Eskalation. In den USA wird Martin Luther King ermordet, der Anführer der amerikanischen Bürgerrechtsbewegung. In Deutschland war schon im Vorjahr der Student Benno Ohnesorg erschossen worden: Bei einer Demo gegen den Besuch des Schahs von Persien wird ihm von einem Westberliner Polizisten aus kurzer Distanz in den Hinterkopf geschossen. 1968 dann wird der Studentenführer Rudi Dutschke Opfer eines Attentats. Ein Hilfsarbeiter schießt ihn am 11. April 1968 auf offener Straße nieder. Dutschke stirbt fast, erleidet schwere Hirnverletzungen, eine aufwendige Operation kann ihn retten. Er stirbt Jahre später – an Heiligabend 1979 – in Dänemark an den Spätfolgen dieses Angriffs.

Einige Studenten, die im Frühjahr 1968 in Deutschland auf die Straße gehen, formieren sich zu einer Gruppe, die später die erste Generation der Roten Armee Fraktion bildet, kurz: RAF. Die Anhänger dieser terroristischen Gruppierung glauben, dass man nur mit Gewalt gegen den sogenannten Imperialismus der USA vorgehen könne. So wird die RAF zu einer Untergrundorganisation, die Anschläge verübt und Geiseln nimmt. Es sterben insgesamt 34 Menschen durch die Hände der RAF, unter anderem der Arbeitgeberpräsident Hanns Martin Schleyer.

Schleyer wird 1977 entführt. Das RAF-Kommando »Siegfried Hausner« passt ihn morgens vor seinem Haus ab, seinen Fahrer und seine drei Leibwächter sterben in einem wahren Kugelhagel. Die Terroristen wollen mit ihrer Geisel die Freilassung von elf inhaftierten RAF-Mitgliedern erpressen. Die Regierung geht nicht auf die Forderungen ein – so wie sie es dann auch im Herbst 1977 nicht bei der Entführung der Lufthansa-Maschine »Landshut« tut. Die »Landshut«-Geiseln können befreit werden, doch daraufhin begehen drei Gefangene in der sogenannten »Todesnacht von Stammheim« Selbstmord – und die RAF tötet Schleyer. Wer ihn letztlich ermordet hat, darüber haben alle Beteiligten bis heute geschwiegen.

Hanns Martin Schleyer hatte sich im Nationalsozialismus in der SS engagiert und war bis zum Untersturmführer aufgestiegen. Und genau das war eines der wichtigsten Themen der Studentenbewegung und ist es für alle Alt-68er bis heute: Sie wollten die Strukturen der Gesellschaft aufbrechen und nach vorne schauen, aber nicht ohne nach dem Zweiten Weltkrieg eine Antwort auf die Schuldfrage einzufordern. Sie wollten und wollen, dass das Leid des Nationalsozialismus nicht vergessen wird und dass dessen Akteure nachhaltig bestraft werden. Warum sie diese durchaus berechtigten Forderungen teilweise mit den falschen Mitteln versucht haben durchzusetzen, dafür wurden lange viele Ursachen gesucht, aber keine kann eindeutig benannt werden. Der CSU-Politiker Peter Gauweiler hat einmal gesagt: »Die 68er waren nicht bös', sie waren nur Idioten. Wie wir alle auch!«[19]

Weil der Atomausstieg doch möglich ist

So viele Demonstranten es auch forderten und so viele dieser hässlichen gelben 80er-Jahre-Sticker mit der roten Sonne und dem Schriftzug »Atomkraft? Nein Danke« auch geklebt wurden, Deutschland hielt an seinen bösen Meilern fest. Politiker beharrten darauf, dass die gefährliche Technik sicher und die Atomenergie zu vertretbaren Kosten niemals vollständig zu ersetzen sei – der Atomausstieg war jahrzehntelang eine schöne Utopie, an deren Umsetzung in die Realität man nicht mehr recht glauben mochte.

Fukushima war die Tragödie, die im März 2011 die Wende brachte: 25 Jahre nach dem Reaktorunglück von Tschernobyl kam es wieder zu der Katastrophe, die nicht passieren darf. Eine Serie von Unfällen in vier Reaktorblöcken des japanischen Kernkraftwerks Fukushima Daiichi, auch Fukushima I genannt, sorgte für den gefürchteten Super-GAU: Es kam zu Kernschmelzen, und radioaktives Material trat in großen Mengen aus. Eine unermessliche Katastrophe für die Arbeiter, von denen viele starben, für die Menschen aus der Umgebung, für die Tiere und die Natur. Die Langzeitfolgen kann noch niemand sicher absehen, die Aufräumarbeiten werden Jahrzehnte dauern.

Schreckliche Bilder von diesem Unglück und seinen Folgen für Mensch und Natur gingen um die Welt, und solche Bilder können viel bewegen: Bundeskanzlerin Angela Merkel, vorher strenge Befürworterin der Atomkraft, verkündete rasch und vor allem sehr überraschend den deutschen Ausstieg. Dabei hatte die schwarzgelbe Regierung im Herbst zuvor gerade entschieden, die Laufzeit der deutschen Werke zu verlängern – damals ein herber Rückschlag für die Atomkraft-Gegner. Doch plötzlich riss die Kanzlerin das Ruder herum, ganz menschlich und konsequent. Auch wenn der Umschwung angesichts der Opfer in Japan einen sehr bitteren Beigeschmack hat, so zählt doch das Ergebnis.

Meinen persönlichen Angstmoment in Sachen Atomkraft hatte ich nicht bei den Bildern von Fukushima, sondern viel früher: auf einem Fahrradausflug Ende der 1990er-Jahre durch die Gegend ums brandenburgische Rheinsberg. Irgendwann hörte ich dort ein Brummen in der Ferne und stieß auf einen Zaun mit Warnschildern. Hinter diesem Zaun befand sich das Gelände des Kernkraftwerks Rheinsberg, das ab 1960 Strom für die DDR produzierte. 1990 wurde das Werk stillgelegt. Jetzt brummte es nur noch – oder besser: immer noch. Dieses Brummen, das zeigte mir, dass der Atomstrom irgendwo herkommen muss und dass wir nicht so tun können, als sei er nicht da und damit dann auch nicht gefährlich. Das Brummen machte mir Angst, und mir wurde klar, dass Atomkraft alles andere als ein Gebrauchsgegenstand ist, den man einfach wegwerfen kann, wenn man ihn nicht mehr benötigt. Wir wollen nie Abstriche machen – der Alltag soll funktionieren und der Strom immer aus der Steckdose kommen, und das bitte auch noch billig.

Mein Geschichtslehrer hatte mir damals, kurz vor meinem »Besuch« beim Atomkraftwerk im Wald, im Geschichtsunterricht von den idiotischen Instruktionen erzählt, die ihm in seiner Armeezeit als Verhaltensmaßregeln für den Fall eines Atomschlags vermittelt wurden: Wenn ich mich recht erinnere, sollte man sich unter einem Tisch verstecken und die Fenster mit einer Mischung aus Mehl und Wasser einstreichen, um sich vor der Strahlung zu schützen. Er hatte diese Strahlung in ihrer fiesen Heimtücke so ausführlich beschrieben, dass mir hier bei diesem Brummen ganz anders wurde. Billiger Strom hin oder her – wenn so ein Werk in die Luft fliegen würde, dann wäre ich auch 200 Kilometer entfernt garantiert nicht sicher.

Die Absage an die Atomkraft hat nun die Energiewende hervorgebracht: Erneuerbare Energien müssen den fehlenden AKW-Strom ersetzen. Ein Mammutprojekt, das teuer wird, auch für die Bürger. Aber es war dringend nötig, so zu entscheiden, und es war die einzig richtige Entscheidung.

Weil zwei Länder wieder zu einem wurden

Ich war acht Jahre alt, bei den Jungpionieren war schlechte Stimmung und die kratzenden Halstücher waren offensichtlich nicht daran schuld. Zu Hause saß mein Vater vor dem Fernseher und heulte Rotz und Wasser. Im Herbst 1989 passierte etwas Großes, das bekam ich hautnah mit, auch wenn ich die historische Dimension und die Bedeutung vor allem auch für mein eigenes Leben damals überhaupt nicht verstand oder erahnte. Es passierte um mich herum, es passierte mir und den Menschen, die ich liebte, und es sollte uns alle für immer verändern.

Es passierte schnell, keiner konnte und vor allem natürlich wollte es mehr aufhalten: Innerhalb weniger Monate wurde die Mauer geöffnet und zwei Länder wiedervereinigt, die vorher vier Jahrzehnte lang geteilt waren. Nach dem Zweiten Weltkrieg, den das Deutsche Reich verloren hatte, war Deutschland in vier Besatzungszonen geteilt und den vier Alliierten – USA, Sowjetunion, Vereinigtes Königreich von Großbritannien und Frankreich – zugesprochen worden. Diese waren sich jedoch politisch nicht einig, konnten nicht gemeinsam ein Land führen und haben es deshalb 1949 in zwei Teile getrennt: die BRD im Westen mit Bonn als Hauptstadt und im Osten, in der sowjetischen Besatzungszone, die DDR mit Berlin als Hauptstadt. Doch nicht das gesamte Berlin, denn das war ebenfalls in vier Sektoren geteilt worden, und so wurde Westberlin zu einer Insel in der DDR, fernab der BRD. Um die Flucht von DDR-Bürgern in den Westen zu verhindern, wurde an der Grenze zur BRD ein Sperrgebiet errichtet und in Berlin im Jahr 1961 eine Mauer gebaut. An dieser Grenze sollte in den kommenden Jahren sehr viel Leid passieren, es kam zu tragischen Szenen – sie trennte Familien, und es kamen dort sogar Menschen zu Tode. Wie viele Todesopfer die Mauer forderte, ist nicht klar, es wird von 138 oder auch 245 gesprochen.

Die Menschen in der DDR mussten in einem totalitären Staat leben, der seine Bürger überwachte und vermeintlich falsche Meinungen unterdrückte. Deshalb war die friedliche Wiedervereinigung ein Befreiungsschlag und in ihrer Wucht so beeindruckend, dass sie die meisten Menschen im Land ganz tief im Herzen berührte. Bis heute lösen die Bilder von damals kräftige Gänsehaut aus – auch bei mir, die noch heute irgendwo hinten in einer Kiste im Keller ihren ehemaligen Pionierausweis aufbewahrt. Auf diesem heute sehr skurril wirkenden Dokument sind Verhaltensregeln angegeben, die angeblich einen guten Jungpionier auszeichnen. Ich schwöre, dass ich mindestens eine davon stets beherzigt habe: »Wir Jungpioniere treiben Sport und halten unseren Körper sauber und gesund!« Dieser kleine Ausweis mit einem Foto von mir darin, auf dem ich sieben Jahre alt bin und Pony und zwei große Zahnlücken trage, ist heute ein witziges Erinnerungsstück, das gleichzeitig Zeugnis einer Diktatur ist, in der ich meine Kindheit verbracht habe.

Auch etwa 25 Jahre später gibt es viele Differenzen zwischen Ost und West, und es ist längst nicht alles zusammengewachsen, was offiziell und im Herzen zusammengehört. Dafür dauerte die Trennung vielleicht auch zu lang. Spätestens die Generationen, die nach der Wende zur Welt kamen, werden diese Unterschiede aber irgendwann kaum noch wahrnehmen. Es wird eine Zukunft geben, in der alle Bürger nur noch Deutschland als ein Land kennen werden und dieses Kapitel nur in den Geschichtsbüchern zu finden ist. Es ist dennoch ein wichtiger Abschnitt, der das Land geprägt hat und der sicher nachwirkt.

Weil es eine neue jüdische Kultur im Land gibt

Ganz in der Nähe meiner Wohnung gibt es eine Synagoge, und so sehe ich regelmäßig eine große Gruppe orthodoxer Juden durch die Straße laufen: Sie tragen Schläfenlocken und Kippa oder hohe schwarze Hüte. Es ist ein ungewohnter Anblick und deshalb zieht diese Gruppe jedes Mal die Aufmerksamkeit der Passanten auf sich. Denn so sichtbar ist Judentum selten in Deutschland – oder besser gesagt: Es ist in den zurückliegenden Jahrzehnten selten so sichtbar gewesen. Dabei leben inzwischen etwa 200.000 Juden hier, in den vergangenen zwei Jahrzehnten ist die Zahl stark gestiegen. Und es gibt seit einigen Jahren eine neue jüdische Kultur im Land, gerade Berlin ist ein beliebtes Ziel von jungen Israelis, die die Offenheit und Kreativität der Hauptstadt genießen.

Es gibt Juden in Deutschland, die sich besonders sichtbar machen – wie den Comedian Oliver Polak, dessen Vater mehrere KZs überlebt hat. Oliver Polak hat ein Buch geschrieben, auf dessen Cover er neben einem Schäferhund steht, der eine Wehrmachtsmütze und einen Davidstern trägt – Titel: *Ich darf das, ich bin Jude*. Außerdem trat er in dem Musikvideo *Ich bin Adolf Hitler* als Adolf Hitler auf. Von ihm stammen Sätze wie: »Dass ich mit der Bahn gekommen bin ist alte Familientradition, die haben uns damals überall hin gebracht von K bis Z. Aber jetzt streiken sie ja meistens. Liebe Lokführer hättet ihr mal vor 70 Jahren gestreikt, dann hättet ihr uns eine Menge Ärger erspart«[20] Oder: »Lassen Sie uns ganz unverkrampft miteinander umgehen […] Ich vergesse die Sache mit dem Holocaust – und Sie verzeihen uns Michel Friedman.«[21] Seine Shows sind ausverkauft, er hat viele Fans.

Aber es passieren leider hin und wieder auch abscheuliche Dinge: Im Sommer 2012 wurde zum Beispiel der Rabbiner Daniel Alter in Berlin von vier Jugendlichen zusammengeschlagen – ein Fall, der damals Schlagzeilen machte. Im Beisein seiner kleinen Tochter war der Mann vor seiner Haustür angesprochen worden. Die Täter hatten ihn gefragt, ob er Jude sei – und dann losgeprügelt. Daniel Alter wurde am Kopf verletzt und musste sich im Krankenhaus behandeln lassen, unter anderem war eine Operation am Jochbein nötig.

Offiziell gehen antisemitische Straftaten wie diese zurück. Aber Studien zur Einstellung der Deutschen nennen immer wieder erschreckende Zahlen: 20 Prozent der gesamten deutschen Bevölkerung sind demnach latent antisemitisch eingestellt. 23 Prozent sagen, dass Juden in diesem Land nicht die gleichen Rechte bekommen sollten. 32,8 Prozent glauben, Juden hätten zu viel Einfluss auf die Gesellschaft. 49,9 Prozent sind der Überzeugung, dass viele Juden aus der Vergangenheit des »Dritten Reiches« ihren Vorteil ziehen und die Deutschen dafür zahlen lassen. Solche Fremdenfeindlichkeit, die vielleicht nicht immer laut ausgesprochen wird, aber dennoch in den Köpfen verankert ist, muss ein Ende haben. Jeder Einzelne muss mit sich selbst hart ins Gericht gehen und eigene Überzeugungen prüfen. Und wir müssen alles in unserer Macht Stehende tun, damit solches Denken ein Ende hat und sich vor allem nicht fortführen kann. Zum Beispiel, indem wir uns und unsere Ansichten immer wieder hinterfragen und mit anderen darüber im Gespräch bleiben.

Der Berliner Rabbiner Walter Rothschild, ein Brite, der seit 14 Jahren in Deutschland lebt und sich hier wohlfühlt, wie er sagt, stellt im Sommer 2012 in einem Artikel in *DIE WELT* fest: »Was ist denn eigentlich deutsch? Gibt es türkische Deutsche? Deutsche Deutsche? Sind Juden ein Teil von Deutschland? Ist Bayern ein Teil von Deutschland? Juden sind auch Deutsche. Deutsch ist keine ethnische oder religiöse Identität, sondern eine Staatsangehörigkeit.« [22]

Weil sich die Deutschen endlich trauen, stolz auf ihr Land zu sein

Darf man stolz sein auf sein Land, auch wenn es sich um Deutschland handelt und einen Weltkrieg ausgelöst hat? Ja. Das darf man. Weil der Stolz, von dem hier die Rede ist, Patriotismus bedeutet und nicht Nationalismus.

Zur Fußballweltmeisterschaft 2006, die in Deutschland stattfand und das »Sommermärchen« erzählte, fragte das Umfrageinstitut Forsa junge Menschen im Alter zwischen 14 und 18 Jahren, ob sie stolz auf ihre Nationalität seien. Ganze 86 Prozent von ihnen beantworteten die Frage mit einem klaren Ja. Gerade mal neun Prozent gaben an, dass sie »weniger stolz« darauf seien, deutsch zu sein, und nur drei Prozent schlossen das für sich ganz aus.

Warum genau sie stolz auf ihre Herkunft sind, dafür fanden sie nicht so leicht Worte. Es scheint mehr ein »Grundgefühl« zu sein, als dass sie es auf konkrete Merkmale beziehen können. 14 Prozent der Befragten sagten, dass Deutschland ein tolles Land sei, 13 Prozent gefiel die starke Wirtschaft, sechs Prozent lobten die gute Politik und ebenfalls sechs Prozent sind stolz auf Deutschland als Rechtsstaat mit guten Bürgerrechten. 21 Prozent der Jugendlichen sagten dagegen, dass sie nicht wissen, woher ihr Gefühl von Stolz komme, es sei einfach da.

Diejenigen, die angegeben hatten, dass sie nicht stolz auf Deutschland sind, begründeten das zu 28 Prozent damit, dass sie grundsätzlich nicht zwischen Menschen unterschiedlicher Herkunft unterscheiden wollen, sondern dass alle Nationalitäten gleich seien, weitere 18 Prozent gaben an, dass sie aufgrund des Nationalsozialismus nicht stolz auf Deutschland sein könnten. Die Geschichte Deutschlands wird immer in unser aller Bewusstsein bleiben, und jede Generation muss ihren Weg finden, um verantwortungsbewusst damit umzugehen. Doch stolz zu sein, das ist erlaubt. Schön, dass die junge Generation es wagt, ohne den Blick zurück zu verlieren.

Leider wurde die Befragung nach dem »Sommermärchen« nicht wiederholt. Es wäre spannend gewesen, ob dieses Phänomen bei den Deutschen das Gefühl des Stolzes auf ihr Land vielleicht nachhaltig verändert hat. Dass es auf irgendeine Weise nachwirken muss, ist klar – fast alle erinnern sich schließlich an die Bilder von damals. Und diese Bilder sind prägend – die vielen Fans, die mit der deutschen Mannschaft mitfieberten. Neben den Deutschland-fahnen waren es vor allem die Emotionen, die aus den Gesichtern sprachen, die einen nicht wieder losließen. Wie sie alle mitfieberten und sich gemeinsam aus vollem Herzen über Erfolge freuten – das waren Mitgefühl, Begeisterung und Euphorie. Das war purer Stolz.

KAPITEL 6

Miteinander leben

Man trifft sich in der Sauna und am Grill

Weil hier so viele fremde Kulturen zusammenleben

Ganze 15,4 der 82 Millionen Menschen, die in Deutschland leben, haben ausländische Wurzeln: Das sind etwa 20 Prozent der Bevölkerung, also jeder Fünfte! Die größte kulturelle Minderheit stellen mit einer Zahl von 2,5 Millionen die Türken. Aber auch aus vielen anderen Kulturkreisen kommen Menschen nach Deutschland: Allein in Berlin leben Leute aus fast 200 verschiedenen Ländern Tür an Tür, Straße an Straße, Kiez an Kiez.

Dieser Mix der Kulturen funktioniert mal besser, mal schlechter, mal ist er mehr ein Miteinander, dann wieder mehr ein Nebeneinander, manchmal leider auch ein Gegeneinander. Ausländerfeindlichkeit ist ein Problem in Deutschland, das sich in naher Zukunft wohl nicht endgültig lösen lässt. Manchmal krachen durch viele Mitbewohner aus der Fremde auch Weltanschauungen mit schmerzhafter Wucht aufeinander, sei es zum Beispiel beim Thema Beschneidung, beim Kopftuchstreit, bei Zwangsverheiratungen oder tragischen Verbrechen wie Ehrenmorden. Manchmal aber auch bei banalen Missverständnissen im Alltag oder auch aufgrund zu geringer Offenheit und Toleranz.

Es gibt viele Probleme unter den Zuwanderern in Deutschland, dazu gehören vor allem Arbeitslosigkeit oder dass Kinder, die in Deutschland geboren wurden, in der Schule nicht richtig mitkommen, weil sie in ihren Familien nie richtig Deutsch gelernt haben – und dadurch dann den Anschluss verlieren und kaum berufliche Perspektiven entwickeln können. Aber es gibt genauso viele gelungene Beispiele für Integration, etwa die unzähligen Unternehmerfamilien, die oft bereits seit mehreren Generationen in Deutschland leben oder erfolgreiche Multikulti-Bands wie Culcha Candela, deren sieben Bandmitglieder ihre Wurzeln in fünf Ländern haben und die in vier Sprachen singen.

Deutschland profitiert enorm von der Vielfalt und das auf allen Ebenen: Hiesige Unternehmen suchen händeringend nach qualifizierten Fachkräften aus dem Ausland, um die eigene wirtschaftliche Kraft zu erhalten und auszubauen. Wir wollen jederzeit einen Döner und extrascharfe Curry-Gerichte um die Ecke essen können. Die Fremden werden Freunde, die uns von ihrer Kultur, ihren Bräuchen und Gepflogenheiten erzählen. Wir alle profitieren von den Menschen, die aus anderen Ländern zu uns kommen. Und das wird auch immer stärker gesehen. Unter anderem haben der ehemalige Bundespräsident Christian Wulff und Kanzlerin Angela Merkel bereits vor Jahren den Islam als Teil von Deutschland bezeichnet und die Anhänger dieser Religion damit gewürdigt.

Multikulti ist immer eine Chance, den eigenen Horizont zu erweitern, Meinungen zu diskutieren und sich dem Fremden zu öffnen – und zwar nicht nur, wenn man für den Urlaub die Pauschalreise inklusive Erkundungsprogramm bucht, sondern jeden Tag wieder, direkt vor der eigenen Haustür. Das Leben ist nun mal voller Widersprüche, egal wo es stattfindet und mit wem, und gerade diese Widersprüche machen es häufig so spannend. Das wissen auch viele Menschen in Deutschland immer mehr zu schätzen.

52. GRUND

Weil man in einer Straße Pizza, Sushi und Eisbein essen kann

Deftig, mit viel Fleisch, Sättigungsbeilagen und fettiger Soße: Dem Klischee nach wird der Deutsche übellaunig, wenn er so etwas nicht zu jeder Hauptmahlzeit auf dem Teller vorfindet. Der Deutsche gilt in kulinarischer Hinsicht als wenig experimentierfreudig. »Am liebsten immer dasselbe« oder auch »Was der Bauer nicht kennt, das isst er nicht«, lautet angeblich das Motto in deutschen Küchen, Kantinen und Mägen.

Doch wenn man hierzulande durch die Innenstädte spaziert, bekommt man angesichts der dort ansässigen gastronomischen Einrichtungen einen ganz anderen Eindruck: Da reiht sich der blau-weiß dekorierte Grieche Kostas an die Trattoria Veneziana, die Pasta und Pizza auf den Tisch bringt. Aus dem indischen Spezialitätenrestaurant weht der Duft von Räucherstäbchen heran, der Japaner nebenan rollt fleißig Reis und Fisch zu feinen Sushi-Happen, eine Tür weiter kann man herausfinden, was hinter den chinesischen »acht Kostbarkeiten« steckt, und für den schnellen Hunger zwischendurch gibt es den türkischen Döner Kebap, unter Jugendlichen scherzhaft auch »Fleischknoppers« genannt. Heute hier essen, morgen dort, übermorgen nebenan und damit wieder ganz anders. Warum nicht? Die Nachfrage regelt das Angebot. Die deutsche Zunge hat also offenbar doch ein wenig Abwechslung ganz gern.

Und sie bekommt nicht nur ödes Fast Food, sondern durchaus eine ordentliche Qualität geboten. Viele Peking-Enten hierzulande mögen nicht mit dem Original aus ihrer kulinarischen Heimat vergleichbar sein, und das höllisch scharfe Curry schmeckt am Strand von Thailand wahrscheinlich einfach aus Prinzip noch mal so gut, aber wer richtig gute Küche aus der Fremde sucht, der findet sie auch – vor allem dank vieler Gastronomen aus der Ferne, die sich hier mit ihrem Know-how niederlassen.

Das kann mitunter schwierige Auswirkungen haben: Ich habe schon eine Woche Urlaub in Italien verbracht und saß jeden Abend wieder traurig vor dem Teller mit einer »Geht so«-Pizza drauf, die zu Hause bei meinem Lieblingsitaliener um die Ecke einfach besser geschmeckt hätte. Und das lag nicht daran, dass es zu Hause immer am schönsten ist und mir das Heimweh die Geschmacksnerven vernebelte, sondern dass Mario in Berlin »ums Eck« wirklich einen Eins-a-Teig mit richtig guten Zutaten belegt und in den Steinbackofen schiebt. Es spricht also nicht gegen alle Pizzabäcker in Italien, sondern für Mario, der freiwillig auf seine immer warme Heimat verzichtet hat, um in den kühlen Norden zu ziehen. Hier bleibt ihm zum Glück neben dem superheißen Steinofen sein durchweg italienisches Mitarbeiterteam, mit dem er rund um den Tresen immer angeregt diskutiert und sich mit viel Verve und Einsatz von Mimik und Gestik über Politik, Freunde oder einfach das Leben austauscht. Mein dreijähriger Sohn sagte in Anbetracht dieser leidenschaftlichen Szenen immer ganz besorgt: »Die streiten!?« Die streiten nicht, die machen Pizza. Guten Appetit!

53. GRUND

Weil man hier leben kann, wie es einem gefällt

Die deutsche Provinz schimpft auf die Großstadt und die Metropolen schauen genervt bis hochnäsig aufs Landleben herab, die Bayern verstehen die Norddeutschen nicht und genauso ist es andersherum – Spießer gegen Freigeister, Fischköppe gegen Lederhosenträger, Ewiggestrige gegen Visionäre, Weltoffene gegen Spießbürger. Dabei ist doch gerade das eine der vielen schönen Seiten an Deutschland – dass man hier so leben kann, wie man will.

Meine Wahlheimat Berlin zeigt einem diese Freiheit jeden Tag wie durch ein gigantisches Vergrößerungsglas: Hier spielt es so gut wie keine Rolle, wie man aussieht, was man denkt, was man wählt, welches Auto man fährt, was man isst, wie man seine Kinder erzieht, wohin man ausgeht. In der U-Bahn treffen sie zum Beispiel alle aufeinander: Punks und Businesskasper, Schulkinder, Senioren, Hipster, Nerds, Studenten, Professoren, Prolls, Spießer, Zeitarbeiter und Beamte.

Natürlich gibt es hier soziale Schichten, Cliquen und Szenen, innerhalb derer die Homogenität groß ist. Auch wenn vielleicht viele von ihnen schrecklich gern schrecklich individuell wären, so sind sie doch oft schrecklich gleich. Die Toleranz gegenüber den Unterschieden ist nicht immer groß, man lästert schon mal übereinander und piesackt sich auch gern gegenseitig. Aber insgesamt leben doch alle sehr friedlich nebeneinanderher, getreu dem Motto »Jeder, wie er's mag«.

Dass man seinen Wohnort frei wählen kann, ist ja sowieso klar, Deutschland ist ein freies Land. Egal, ob man also die stille Einöde des Daseins in einem »300-Seelen-Dorf mit Blick in die Natur so weit kein Auge schauen kann« bevorzugt, oder man sich ins wilde Großstadtleben stürzen will. Ob man auf spießige Vorortidylle steht oder auf anonyme Hochhaussiedlung. Ob man sich durchs Leben kellnern möchte oder die große Karriere anstrebt. Ob man 14 Kinder haben will oder keins. Ob man mit 14 Katzen leben will oder ganz allein. Ob man eine Plattensammlung hat, die bis an die Decke reicht, oder drei Möbelstücke und dazwischen ganz viel Nichts. Ob man Fan einer Band ist und ihr hinterherreist, so oft es geht, oder ob man der größte Fan von sich selbst ist. Ob man durch die Welt reist oder am liebsten Urlaub auf Balkonien macht. Ob man große Abenteuer erleben will oder lieber nicht. Alles ist möglich, und das ist gut so.

54. GRUND

Weil am Grill jeder gleich ist

Es gibt keinen deutschen Sommer ohne das Grillen. Man kann es sich jedenfalls nicht vorstellen, dass ein Sommer ohne Grillen möglich wäre in diesem Land. Denn hier wird gegrillt, was das Zeug hält, jedes Jahr wieder. Jeder tut es, jeder mag es, und jeder vermisst es, sobald das Wetter zu ungemütlich wird. Danach wird höchstens noch sehnsüchtig ein »Rostbratwürstchen« auf dem Weihnachtsmarkt inhaliert. Und dann wird wieder enthusiastisch »angegrillt«, wenn der Frühling sich mit den ersten Sonnenstrahlen zeigt. Sofort holen die Leute die Roste aus dem Keller, das Spektrum reicht von klapprigen Metallgestellen bis zu professionellen Grillmonstern à la »Barbecue 2000« – man zeigt, was man hat. Gegrillt wird überall: im eigenen Garten oder auf dem Balkon, im Park oder am See, auf der Straße vor dem Haus, auf der Terrasse, auf dem Dach.

Feuer, Natur, Fleisch: Diese durch und durch archaische Art der Essenszubereitung macht vor allem den Männern Spaß. »Den Grill anmachen«, sprich, die Kohle zum Brennen zu bringen, ist traditionell männliches Terrain. Frauen sind eben schlau und haben keine Lust auf total verräucherte Klamotten und Reizhusten. Beim Grillen befinden wir uns zwar mit einem Fuß in der Steinzeit, mit dem anderen finden wir uns aber gleichzeitig plötzlich im Discounter wieder, wo wir folienverschweißte, zu Tode marinierte Fleischstücke kaufen, deren tierischen Ursprung wir nur noch äußerst selten zu Gesicht bekommen, geschweige denn selbst jagen.

Auch das Sortiment an Grillsoßen, das in einem durchschnittlichen Familienhaushalt schnell mal das ein oder andere Fach im Kühlschrank verstopft, hat mehr mit Sammeln als mit Jagen zu tun: Ketchup und Senf reichen schon lange nicht mehr aus, da werden mindestens noch Barbecue-Soße, Honig-Senf-Soße, Curry-Soße und die extrascharfe Grillsoße angeschafft. Die Hersteller überbieten sich zudem jedes Jahr mit neuen Kreationen wie »Brandstifter« – die extrascharfe Soße auf Tomatenbasis, die mit feurigem Peperoncini-Chili für »außergewöhnlichen Grillspaß« sorgt – und ihrem milden Pendant: eine fruchtige Soße aus Mango-Chutney, Curry und Paprika mit dem Namen »Unschuldsengel«. Ambitionierte Griller machen ihre Soßen natürlich selbst, sie stopfen auch die Würstchen selbst in den Darm und backen am Ende vielleicht noch das Brot ganz allein, obwohl Bäcker das eigentlich gut können. Sie haben auch rund um den Grill eine Menge Zubehör am Start: professionelle Grillzangen, Grillanzünder, Grillhandschuhe, Grillfischwender mit Griff – nicht zu vergessen, dass einige Leute stundenlang über die richtige Kohle philosophieren können. Die Industrie entdeckt ja letztlich jede

Nische, die sie gewinnbringend ausschlachten kann, für sich. Und Grillen ist dem Deutschen ein Herzensthema, dafür gibt man gern ein wenig mehr Geld aus, auch wenn das absolut nicht notwendig ist – eine einfache Metallschale, ein schlichter Rost, Kohle und ein Streichholz reichen absolut aus.

Auf den Rost kommt meistens die klassische Kombination aus Steak und Würstchen. Letztere sind natürlich dann am besten – da sind sich eigentlich alle einig –, wenn sie »Nürnberger Rostbratwürstchen« heißen. Figurbewusste ergänzen mit magerem Geflügel – gern exotisch oder in einer würzigen Kräutersoße eingelegt – und Gemüse, zum Beispiel Maiskolben, Paprika oder Zucchini. Kreative und Angeber packen Hummer oder Garnelen auf den Rost. Und wer Tofu grillt, ist selber schuld, wenn es nicht schmeckt.

Das Gute am Grillen ist seine Demokratie: Jeder darf mitmachen, jeder kann es sich leisten, jeder findet etwas für seinen Geschmack – jeder darf frei wählen, was er aufs Gitter wirft. Es ist unkompliziert, es geht schnell, und es schmeckt natürlich auch verdammt gut. Außerdem ist es superkommunikativ: Eine Einladung zum Grillen nimmt jeder gern an, und unter freiem Himmel wird dann ausgiebig und gut gelaunt diskutiert und gequatscht bis in die Nacht. Egal, was aufs Feuer kommt, wo und wann: Da wird gemeinsam gefachsimpelt, gelacht und gegessen. Am Grill sind alle gleich!

Weil hier viele auf wenig Raum miteinander auskommen

Auf 357.093 deutschen Quadratkilometern leben rund 80,2 Millionen Menschen: So viel wie in keinem anderen Land der Europäischen Union – Deutschland ist das bevölkerungsreichste Mitglied des Staatenverbundes! Auf Platz zwei schafft es Frankreich. Obwohl unsere blau-weiß-roten Nachbarn mit etwa 670.000 Quadratkilometern Fläche beinahe doppelt so viel Boden unter den Füßen haben, leben dort nur knapp 65 Millionen Menschen. In Deutschland müssen wir also ein bisschen näher zusammenrücken – doch das funktioniert.

Und anscheinend gefällt es auch: Nach Berlin zum Beispiel ziehen jedes Jahr rund 160.000 Menschen. Auch wenn es in der Bundeshauptstadt noch so manches einsame Fleckchen geben mag, richtig allein ist man unter 3,3 Millionen Menschen und 3.785 Einwohnern je Quadratkilometer wohl nur sehr selten.

Das bevölkerungsreichste deutsche Bundesland ist übrigens Nordrhein-Westfalen: Mehr als 18 Millionen Menschen leben dort. Und viele von ihnen sind Rheinländer oder Ruhrpottler – Rheinland und Ruhrgebiet bilden zusammen Europas größtes Industrie-Ballungsgebiet und das trotz der extrem geschrumpften Kohle- und Stahlbranche. Heute liegt die Chemie hier vorn. Als Peer Steinbrück noch Ministerpräsident des Landes war, gab er gern damit an, dass NRW als eigenständiger Staat wirtschaftlich so stark wäre, dass er in einem internationalen Ranking mit allen Staaten der Welt einen stolzen 13. Platz belegen würde – und das zum Beispiel noch vor Russland. Nirgends sonst in Europa soll außerdem die Dichte an Hochschulen und Museen so hoch sein wie in NRW, und auch viele Medienfirmen haben sich in den vergangenen Jahren dort niedergelassen. NRW zeigt also besonders deutlich, wie viele Bewohner ein Land besonders stark machen können.

Der Bevölkerungsreichtum Deutschlands hat auch Nachteile, er belastet zum Beispiel das Sozialsystem und die Umwelt, ist aber unter anderem ein Magnet für ausländische Investoren, und überhaupt: Wer ist schon gern allein?

Weil sich hier jeder Dritte ehrenamtlich engagiert

Bahnhofsmission, Kirchengruppe oder Wahlhelfer: Ehrenamtliches Engagement gilt nicht nur seit einigen Jahren als »schick«, es gibt auch wirklich viele Menschen, die »es« in Deutschland regelmäßig tun. Sie opfern Zeit und Mühe, um den Schwachen der Gesellschaft zu helfen oder sich anderweitig für die Gemeinschaft einzusetzen. Mehr als jeder dritte Deutsche ab 14 Jahren ist ehrenamtlich engagiert. Besonders die jungen Bürger zeigen Einsatzwillen: Laut dem Deutschen Freiwilligensurvey, einer Untersuchung des Bundesfamilienministeriums, engagieren sich 35 Prozent der 14- bis 24-Jährigen schon, weitere 49 Prozent haben vor, das zu tun.

Helfen kann man bei unzähligen Vereinen, Gruppen und Organisationen. Die vielen Einsatzmöglichkeiten bedeuten auch, dass jeder etwas findet, was ihm oder ihr Spaß machen kann. Man kann zum Beispiel Jugendgruppen im Sport trainieren, die Arbeit der Kirchen unterstützen, Studenten aus Nicht-Akademiker-Familien an der Uni zur Seite stehen, das eigene Dorf sauber halten, Kinder aus sozial schwachen Familien betreuen, beim Großputz im Nachbarschaftshaus helfen, bei der freiwilligen Feuerwehr Brände löschen, Projekte für Migranten initiieren, Hunde aus dem Tierheim spazieren führen, Senioren beim Einkaufen oder beim Gang zu Ämtern begleiten und, und, und …

Das deutsche Sozialsystem setzt zu einem guten Teil auf die ehrenamtliche Hilfe – und man kann darüber streiten, ob es eigentlich nicht auch ohne diese Unterstützung auskommen müsste. Aber das Engagement der Bürger macht eben vieles möglich, was sonst vielleicht so nicht möglich wäre.

Wer sich bewusst Zeit nehmen will für sein Engagement, kann das zum Beispiel im Rahmen des Bundesfreiwilligendienstes tun, bei dem man ein ganzes Jahr lang gemeinnützig arbeitet. Der Dienst

wurde 2011 eingeführt, als die Wehrpflicht und damit der Zivil-
dienst in Deutschland ausgesetzt wurden. Anders als das Freiwillige
Ökologische und das Freiwillige Soziale Jahr (kurz: FÖJ und FSJ),
die für alle bis 27 Jahre gedacht sind, können den Bundesfreiwilli-
gendienst auch alle älteren Erwachsenen absolvieren. Im Rahmen
der Dienste kommt der Staat für Unterkunft, Verpflegung, Kleidung
und Taschengeld auf, man ist versichert und hat ein Anrecht auf
Weiterbildungen sowie pädagogische Betreuung. Der Dienst schafft
also einen existenzsichernden Rahmen.

Letztlich zählen aber vor allem die persönlichen Erfahrungen,
die man mit der ehrenamtlichen Arbeit macht. Die Erfüllung, etwas
Sinnvolles zu tun und anderen helfen zu können, ist für viele das
beste Argument dafür, Zeit ins »Freiwillige« zu investieren. So
bildet das Ehrenamt einen wichtigen Baustein gesellschaftlichen
Zusammenlebens in Deutschland und macht das Leben hier wieder
ein Stück weit angenehmer und menschlicher.

57. GRUND

Weil »Familie« sich gewandelt hat – und doch Familie bleibt

Nachkriegsjahre, Wirtschaftswunder, Emanzipation, die Wiedervereinigung eines geteilten Staates, Wirtschaftskrise: Das gesellschaftliche Leben in Deutschland war in den vergangenen Jahrzehnten von
einer Menge großer Umbrüche beeinflusst. Das hatte Auswirkungen
auf das Leben jedes einzelnen Menschen und seine Familie – gleichzeitig herrschte eine beachtenswerte Beständigkeit in dieser kleinsten und für viele wichtigsten Form des Zusammenlebens.

Auch wenn die Geburtenraten gesunken sind, ist und bleibt
Familie einer der wichtigsten Werte vieler Deutschen. Und auch
wenn es viele Singles gibt, ist eine dauerhafte Partnerschaft, oft
mit Kindern, für die meisten das Ideal. Trotz aller Freiheiten – wir

könnten die Partner lebenslang wechseln wie die Unterhosen und würden kaum dafür gescholten oder von der Gesellschaft ausgeschlossen – strebt man nach Beständigkeit und emotionaler Sicherheit. Mit dieser Sicherheit werden Partnerschaft, Liebe und Familie nämlich nach wie vor assoziiert: Die kleine Gemeinschaft Familie steht für echtes Glück. Während wir uns viele materielle Wünsche erfüllen, begeistert die Karriereleiter hochklettern oder aufwendigen Hobbys nachgehen – alles recht moderne Errungenschaften –, nennen wir doch meist die Familie als das, was uns am wertvollsten und wichtigsten ist und auf das wir in keinem Fall verzichten wollen.

Und wir müssen längst nicht mehr verheiratet sein, um eine Partnerschaft einzugehen, zusammenzuwohnen und Kinder zu bekommen, aber vielen ist der Bund der Ehe trotzdem noch immens wichtig. Wenn es auch öfter zu Scheidungen kommt – zum Glück, schließlich war es für frühere Generationen oft gesellschaftlich und finanziell nicht möglich, sich leicht aus einer Ehe zu befreien. Ehe und Partnerschaft werden heute in Deutschland ganz anders gelebt als noch vor einigen Jahrzehnten: auf Augenhöhe, gleichberechtigt und mit gemeinsamen Zielen.

Viel tut sich auch in der Rollenverteilung unter jungen Eltern in Deutschland. Wenn heute ein Paar Kinder bekommt, bedeutet das nicht mehr automatisch, dass die Frau mindestens drei Jahre zu Hause bleibt und vielleicht gar ihren Beruf ganz aufgibt. Lange Zeit war das genau so, und es schien sehr wenig Spielraum für Veränderungen zu geben. Ehrgeiz, eine gute Ausbildung und schlicht finanzielle Notwendigkeiten lösen das traditionelle Modell vom Versorger und der Hausfrau jedoch immer mehr ab. Gleichzeitig fehlen noch gute Rahmenbedingungen: flexible Arbeitszeitmodelle, ausreichende Kinderbetreuung, eine moderne Familienpolitik, die wirklich alle Bedürfnisse junger Eltern erfüllt. Das Elterngeld war hier zum Beispiel ein großer Schritt in die richtige Richtung, aber es löst lange nicht alle Probleme. Der Staat muss mit seinen Angeboten möglichst noch schneller mithalten mit den veränderten Bedingungen und Ansprüchen der Bürger als bisher und damit das unterstützen, was ihnen am wichtigsten ist. Damit die Familie auch morgen noch die Nummer eins im Leben bleibt.

58. GRUND

Weil in der Not Helfer zur Stelle sind

Als das Wasser kam, waren sie plötzlich da: Tausende Helfer, die Sandsäcke füllten, schleppten und stapelten. Beim Hochwasser im Jahr 2013, genau wie unter anderem elf Jahre zuvor. Niemand hatte sie gerufen, organisiert oder gar bezahlt. Die Katastrophen mobilisierten wie aus dem Nichts die Bevölkerung und stießen eine Welle selbstloser Hilfe an.

Das war passiert: Dauerhafter schwerer Regen hatte die Flüsse anschwellen lassen, unter anderem die Elbe. Die Pegel stiegen auf Rekordniveau, deshalb war schnell von einem »Jahrhunderthochwasser« die Rede. Immer mehr Wasser bahnte sich seinen Weg in die Innenstädte, in Keller, in Tiefgaragen, in Autos, in Wohnungen, überallhin. Die Katastrophen kamen plötzlich und unerwartet, aber zum Glück waren genauso schnell die Helfer da.

Ohne zu zögern, packten sie mit an. Oft bis an die Grenzen der körperlichen Belastbarkeit wurden die Sandsäcke gepackt und zu Deichen aufgetürmt, die das Wasser zurückhalten sollten. Die Bilder gingen um die Welt: Die Freiwilligen standen in langen Schlangen nebeneinander und gaben die schweren Säcke von Hand zu Hand weiter. Sie arbeiteten stundenlang, oft über Nacht und trotz Hitze, Matsch oder Regen. Ohne zu murren, ohne zu jammern, einfach ganz selbstverständlich. Weil klar war, dass da Hilfe gebraucht wird und dass man hier nicht lange quatschen, sondern aktiv werden musste.

Gerade viele junge Menschen packten mit an und widerlegten mit ihrem Engagement das negative Bild ihrer Generation, das in der Öffentlichkeit oft vorherrscht – das von der faulen Jugend, die nur an sich denkt und für andere keinen Finger krumm machen würde, da sie sich ja noch nicht mal für Politik interessiert. Warum war es hier anders? Klar sind junge Leute fit, und deshalb fällt es ihnen leicht, körperlich zu arbeiten. Und ob das heute der Umzug bei Freunden ist, bei dem man Möbel schleppt, oder ob man morgen Sandsäcke stemmt, das mag kein großer Unterschied sein. Aber mit ihrem Engagement bei den Fluten bewiesen sie trotzdem, dass sie echtes Verantwortungsgefühl besitzen, ehrlich mit denen mitgefühlt haben, die in Not geraten waren, und deshalb aktiv wurden – anders als die vielen Leute, die nur daneben standen und gafften. Benannt nach ihrem Schuhwerk, mit dem sie durch den Matsch wateten, bekamen die jungen Helfer dafür den Namen »Generation Gummistiefel« verliehen – nach Vorgängern wie »Generation Praktikum« oder »Generation Politikverdrossenheit« ein liebevoller und optimistischer Titel.

Wenn das Wasser geht, beginnen die Aufräumarbeiten und auch da ließen die Helfer die betroffenen Menschen nicht im Stich. Ich selbst bin 2002 mit einer Gruppe von Freunden nach Bitterfeld-Wolfen gefahren. Eine Bekannte von uns arbeitete dort für eine Hilfsorganisation, die die Einsatzkräfte vor Ort koordinierte und die Helfer dorthin schickte, wo sie am dringendsten gebraucht wurden – gar keine einfache Angelegenheit, wenn solche Ereignisse eine Region überrollen. Aber die Organisation der Katastrophenzustände gelang hier wie in den meisten Fällen erstaunlich gut. Diese Bekannte brachte uns zu einem Haus, in dem ein alleinstehender Mann wohnte. An der Fassade seines Hauses zeigte ein breiter dunkler Streifen, wie hoch das Wasser gestanden hatte: Er ging mir fast bis zur Schulter. Der Keller des Mannes war voller Wasser gewesen, alles war aufgeweicht und von braunem Matsch überzogen: Wäsche, Kleidung, gesammelte Zeitschriften, Kartons,

Hausrat, Flaschen, Vasen, Vorratsdosen, Werkzeugkiste, ein altes Kinderfahrrad, Autoreifen, Stoffe, Dosen mit Schrauben, Muttern und Nägeln. Uns blieb nur, die meisten Sachen davon nach draußen zu tragen und sie in einen Container zu werfen. Es war eine ziemlich unangenehme Arbeit, die wir mit Gummistiefeln und Handschuhen erledigten, um uns vor Infektionen zu schützen. Es war heiß draußen, das abgestandene Wasser stank fürchterlich und mir taten hinterher alle Knochen weh – aber das Gefühl, hier mit nur ein paar Stunden Arbeit wirklich etwas bewegen zu können sowie Teil einer Gemeinschaft zu sein, in der alle das gleiche Ziel haben, und letztlich natürlich das dankbare Lächeln des Mannes beim Abschied und sein sichtlich erleichtertes Gesicht, das alles war jede Mühe wert.

59. GRUND

Weil hier in der Sauna alle Hüllen fallen

Ausländische Hotelgäste sind beim Betreten eines deutschen Spas meist schockiert: In Deutschland gehen Männer wie Frauen zusammen in die Saune, und ja, sie sind dabei nackt! Die Deutschen, nicht gerade bekannt für ihre Lässigkeit, sind hier anscheinend ganz locker. Oder sollte man es freizügig nennen? Da wird nichts großartig verdeckt, alle sitzen gemeinsam und so wie Gott sie schuf auf den hölzernen Planken. Einziges Zugeständnis an Frauen, die unangenehme Blicke der Männer fürchten, sind Extrazeiten in öffentlichen Saunen nur für Damen, zu denen sie unter sich bleiben können.

In anderen Ländern ist das nackte Schwitzen, das in Deutschland ganz selbstverständlich praktiziert wird, undenkbar und teilweise sogar verboten! Selbst in Finnland, dem Ursprungsland der Schwitzkultur, dem Heiligen Gral des Schweißes, könnte man sagen, gehen Männer und Frauen in öffentlichen Saunen und in größerer Familienrunde stets getrennt auf die Holzbänke. Dabei ist in Finnland die Sauna nicht nur entstanden und das Saunieren wird geradezu kultisch verehrt, dort hat früher die Sauna sogar das Badezimmer ersetzt und als sauberster Raum im Haus wurde sie auch oft als Location für Geburten genutzt. Aber alle zusammen nackt drinsitzen? »Ei tule kuulookaan!« (»Kommt nicht in Frage!«)

Im Ausland ist oftmals nicht mal das textilfreie Schwitzen gebräuchlich: Die USA sind bekannt dafür, dass man sich dort in Badebekleidung in die Sauna setzt. Nicht alle Bundesstaaten handhaben das gleich streng, und auch nicht überall wird gleich oft und gleich gern sauniert, aber grundsätzlich ist man dort ja sowieso eher zurückhaltend, was Nacktheit betrifft, und das macht vor der Saunatür dann natürlich nicht halt. In Skandinavien oder Russland ist es auch nach wie vor üblich, sich für geschäftliche Treffen in der Sauna zu verabreden. Da kann ein Stück Stoff an der richtigen Stelle nicht schaden.

In Brasilien ist das Tragen von Badekleidung in der Sauna Pflicht – ein Schelm, der Böses dabei denkt, wenn er die berühmt-berüchtigten brasilianischen Bikinis vor Augen hat, die man sich ja auch gleich sparen könnte. In Großbritannien, Frankreich oder Italien ist die »Textilsauna« ebenfalls gang und gäbe. Nur dort, wo in diesen Ländern die Saunagänger getrennt voneinander schwitzen, können oder sollen sie das häufig auch nackt tun. Genauso geht man in Estland, Belgien, Slowenien oder Japan nackt, aber eben brav sortiert nach Männlein und Weiblein in die Sauna.

Nun ist es ja aber auch nicht so, dass die Deutschen völlig hemmungslos sind oder allzu unbekümmert mit dem Thema Nacktheit umgehen würden. Die FKK-Bewegung hat in den alten Bundesländern eine lange Tradition, und man kann dem Deutschen doch einen ganz gesunden Umgang mit der Nacktheit bescheinigen: Einige sonnen sich im Sommer gern »oben ohne« oder auch ganz nackt und können das dann an extra ausgewiesenen Stränden auch tun. Die meisten tragen jedoch mindestens Bikini, Badeanzug oder Badehose, und die verdecken in der Regel genug.

Zum Thema Badebekleidung in der Sauna sei hier jedoch noch angemerkt, dass die »Textilsauna« ein hygienisches und gesundheitliches Problem darstellen kann. Bakterien lieben verschwitzte Sachen, und was die Badesachen bei den hohen Temperaturen noch so ausdünsten, will man lieber gar nicht wissen. Zudem kann enge Kleidung den Blutfluss einschränken, und der Schweiß, mit dem der Körper hier seine Temperatur regulieren will, kann nicht ungehindert abfließen. Nackt gewinnt also.

Über Fragen der Ästhetik und die Vorteile des getrenntgeschlechtlichen Sauierens kann man streiten, aber grundsätzlich gilt doch: Wenn alle nackt in die Sauna gehen, sind eben alle nackt, sie sind in derselben Lage und Verfassung und deshalb geht das schon in Ordnung. Außerdem bedarf es keiner aufwendigen Organisation: Klamotten aus, Tür auf, Handtuch ausbreiten und draufsetzen oder drauflegen. Und so können wir Deutschen uns beim Thema Sauna auf die Schulter klopfen, weil wir Offenheit beweisen, wo andere sich an ihren Badehosenknöpfen verbrennen.

Weil das Sozialsystem die Schwachen auffängt

Niemand muss in Deutschland Hunger leiden, auf der Straße leben oder ohne ärztliche Versorgung auskommen. Als Sozialstaat hilft Deutschland den Schwächsten der Gesellschaft. Es wird alles abgesichert, was zum Leben notwendig ist, auch wenn so ein Leben an der Existenzgrenze für die Betroffenen ganz sicher kein einfaches ist.

Auch in Deutschland sind viele Menschen arm oder bewegen sich an der Grenze zur Armut. Besonders für die Kinder dieser Familien ist das schlimm. Von Hartz IV kann man nicht »gut« leben, es reicht wirklich nur für das Nötigste. Und gerade um am sozialen und kulturellen Leben teilzunehmen, um Kino, Essen im

Restaurant oder Bücher zu bezahlen, ist oft nicht mehr viel übrig. Aber diese Grundsicherung bietet die Chance, auf relativ festen Beinen zu stehen – statt auf der Straße.

Zudem gibt es viele Organisationen, die sich für die Schwachen der Gesellschaft einsetzen. »Die Tafel« beispielsweise, ein Berliner Verein, sammelt seit Jahren qualitativ einwandfreie Lebensmittel, die in Supermärkten und kleinen Läden auf dem Müll landen würden, um sie an soziale Einrichtungen wie Suppenküchen und Mittagstisch für Arbeitslose zu verteilen oder gegen einen symbolischen Betrag direkt an bedürftige Menschen abzugeben. Der Verein »Die Arche« bietet in mehreren Städten Kindern Freizeitmöglichkeiten, um sie ein Stück weit vor der rauen Welt in problematischen Stadtteilen zu schützen, er setzt Streetworker ein, die zu Problemen in den Familien und in der Schule beraten und hilft mit einer so banalen wie wichtigen Sache: einem warmen Mittagessen. In Deutschland wird so gut wie niemand im Stich gelassen. Er oder sie muss die nötige Hilfe nur suchen und zulassen.

KAPITEL 7

Musik

Das Land, in dem 99 Luftballons aufsteigen

Weil die beste Band der Welt aus Berlin kommt

Wenn drei musikalisch begabte Männer die Gewalt von Neonazis als *Schrei nach Liebe* enttarnen oder behaupten, ihre Geschlechtsgenossen seien Schweine und Claudia habe einen Schäferhund, dann haben Sie es hier mit niemand Geringerem als der besten Band der Welt zu tun! »Die Ärzte« selbst werden ihnen das jederzeit gern bestätigen.

Ich darf vorstellen: Dirk »Bela B.« Felsenheimer (Gesang, Schlagzeug), Jan »Farin Urlaub« Vetter (Gesang, Gitarre, Bass) und Rodrigo González (Gesang, Bass, Gitarre, Piano) – drei patente Herren ohne jegliche medizinische Referenz, dafür mit umso mehr Schneid und Humor. Ihre Erfolgsbilanz: Mehr als 30 Jahre belebte Bandgeschichte, zwölf hochgelobte Alben, unzählige Konzerte mit unzähligen kreischenden jungen Damen im Publikum, die jede Textzeile auswendig können, unzählige gebrochene Mädchenherzen und etliche Millionen verkaufte Tonträger. Die Tour zum Album *auch* aus dem Jahr 2012 war schon ausverkauft, bevor die Platte selbst überhaupt erschien.

Es beginnt 1980 in Berlin, wo sich Bela B. und Farin Urlaub im legendären Ballhaus Spandau kennenlernen – eine der ältesten Diskotheken der Welt und definitiv die älteste Rockdiskothek Europas, seit dem ersten Tag an derselben Adresse: Dorfstraße 5.

Bela B. spielt damals in der Band Soilent Grün, und Farin Urlaub ersetzt dort den Gitarristen. Dass die beiden den Punkrock der Formation aber lieber etwas humorvoller gestalten wollen, stößt dem Rest der Band so sauer auf, dass es zwei Jahre später zum Bruch kommt. Bela B. und Farin Urlaub starten mit einem Basser namens Hans »Sahnie« Runge neu durch – als Die Ärzte. Ihr erster Sampler heißt *Vollrausch in Stereo*, das erste Konzert findet in einem besetzten Haus statt.

Die Musiker machen sich in Berlin in den kommenden Jahren immer stärker einen Namen, unter anderem gewinnen sie 1984 den Senatsrockwettbewerb. Als dann die *BRAVO* über sie berichtet, kommen sie dem deutschlandweiten Starstatus ein bedeutendes Stück näher, immer mehr Leute kennen diese Band und sie wird als ganz heißer Scheiß gehandelt – während sie noch in eher ärmlichen Verhältnissen in abgerockten Kohleofenwohnungen leben und sich mehr schlecht als recht mit den Verdiensten aus Konzerten durchschlagen. Es sollen bessere Zeiten kommen. 1986 trennen sie sich aber genau deshalb von Sahnie, dem der zunehmende Erfolg zu Kopf gestiegen ist – und machen erst mal als Duo weiter.

Nicht alle finden gut, was diese Herren da so ins Mikro brüllen: Die Bundesprüfstelle für jugendgefährdende Schriften setzt 1987 drei Songs auf den Index, unter anderem *Geschwisterliebe*. Doch Die Ärzte wären natürlich nicht Die Ärzte, wenn sie sich davon beeindrucken ließen: Auf Konzerten überlassen sie es demnach dem Publikum, die Texte zu singen – ha, Aufführungsverbot mit einer kleinen Gaunerei geschickt umgangen!

Auch sonst geizen sie nicht mit Provokationen: Einen Tag nachdem der damalige Ministerpräsident Schleswig-Holsteins, Uwe Barschel, tot aufgefunden wird, warnt Bela die Zuschauer der Fernsehsendung *Live aus dem Alabama*, wo die Ärzte ein Konzert geben dürfen, sie sollten »*Geschwisterliebe* besser nicht singen«, denn Uwe Barschel habe den Song gesungen – »und ihr wisst, was aus ihm geworden ist!«. Das ist alles andere als politisch korrekt. Bei der jungen Zielgruppe der Punkrocker heizt das den Kultstatus aber nur noch mehr an.

Doch 1988 beendet die Band erst mal selbst ihre Karriere und spielt ein angeblich letztes, finales Abschiedskonzert auf Sylt. Fünf Jahre lang wurschteln sie mit anderen Formationen herum, bevor sie neu durchstarten – mit dem Bassisten Rodrigo González. Bis heute gibt es immer wieder neue Trennungsgerüchte. Aber Die Ärzte spielen und spielen und spielen und spielen und spielen und spielen ... – zum Glück! Es läuft nach wie vor granatenmäßig gut für die Jungs, die inzwischen schon lange zu reichen Männern geworden sind. Trotzdem sind die musikalischen Mediziner ihren Wurzeln treu geblieben und geben Geheimkonzerte für ihre Fanclubs, spielen immer noch ewig lange Konzerte, damit die Fans auch was bekommen für ihr Geld – und verweigern der bösen *BILD*-Zeitung konsequent Interviews.

Punks sind sie trotz allem schon lange nicht mehr, das wissen sie aber auch selbst. Indizierungen sind Geschichte, ihre Musik ist braver, kommerzieller, rockiger und mainstreamiger geworden. In einem Interview mit dem *STERN* sagte Bela einst: »Punk ist nur die Idee, die hinter den Ärzten steht. Alles andere machen wir so, wie wir es für richtig halten.«[23] Und das machen sie verdammt gut.

Weil Deutschlands Orchester die Welt erobern

Von den Berliner Philharmonikern bis zur Sächsischen Staatskapelle Dresden: Deutschland hat außergewöhnlich viele Orchester zu bieten, und die Wurzeln dieser Gruppen reichen oft gut 500 Jahre zurück. Um die 130 Symphonie- und Opernorchester dürfen wir hierzulande zählen – ein glückliches Erbe der längst vergangenen Kleinstaaterei. Damit ist ein Viertel aller Kulturorchester der ganzen Welt in Deutschland beheimatet. Einige von ihnen gehen auf Konzertreisen und machen Operntourneen durch die ganze Welt. Wir haben uns nicht nur durch diese Vielfalt an Ensembles und ihre internationale Präsenz den Ruf einer angesehen Musiknation erspielt.

Als das älteste Orchester Deutschlands gilt zum Beispiel das Staatsorchester Kassel, es wurde 1502 von Landgraf Wilhelm II. gegründet. Ebenfalls sehr traditionsreich und kirchlich geprägt sind unter anderem die Staatskapelle Weimar und die Mecklenburgi-sche Staatskapelle Schwerin, die aus der Zeit zwischen dem 16. und 18. Jahrhundert stammen. Hinzu kamen später viele bürgerliche Orchester, die unter anderem durch die Verbreitung von Radiogeräten als Rundfunkensembles die breite Masse erreichten. Der Nachwuchs wird ausgesprochen gut ausgebildet – an über 900 Musikschulen, 27 Musikhochschulen und vielen weiteren Einrichtungen kann man sich grundlegendes und aufbauendes Wissen vermitteln lassen.

Von der Qualität und Attraktivität der deutschen Orchester zeugen nicht nur die prominenten internationalen Namen vieler ihrer Dirigenten: Der Brite Simon Rattle ist Chefdirigent der Berliner Philharmoniker, der argentinisch-israelisch-spanisch-palästinensische Pianist und Dirigent Daniel Barenboim gibt bei der Berliner Staatskapelle den Takt an, aus Lettland kommt Mariss Jansons, der das Symphonieorchester des Bayerischen Rundfunks leitet. Der Italiener Riccardo Chailly ist Chefdirigent des Gewandhausorchesters zu Leipzig, der Amerikaner Lorin Maazel bei den Münchner Philharmonikern. Deutsche Dirigenten sind dagegen auch international gefragt: Größen wie Christoph von Dohnányi, Kurt Masur oder Christian Thielemann leiteten schon Orchester weltweit. Christoph von Dohnányi gab sich beispielsweise beim Boston Symphony Orchestra und dem New York Philharmonic Orchestra die Ehre. Kurt Masur war in den 1960er-Jahren in Brasilien und in mehreren Ländern Europas zu Gast. Christian Thielemann gab schon in London, Wien, Chicago oder New York den Takt an.

Möglich wird diese Vielfalt vor allem durch die staatliche Kulturförderung. Außerdem setzen sich Institutionen für ihren Erhalt ein, zum Beispiel die Deutsche Orchesterstiftung, die auch eine weltweit einzigartige Ausbildungseinrichtung betreibt: Im Dirigentenforum dürfen junge Dirigenten in Workshops mit Profiorchestern ihr Handwerk verfeinern. Erfahrene Dirigentenlehrer und renommierte Chefdirigenten geben ihnen dann ihre Erfahrungen weiter – damit die deutsche Orchesterzukunft im Takt bleibt.

Weil auch deutsche Texte gut klingen

Ein Popsong auf Deutsch: Das war lange so angesagt wie stinkende Socken. Aber einen großen Reiz an jedem Trend macht ja aus, dass es eben ein überraschendes Moment gibt. Während also lange galt, dass eine Band, die was auf sich hält, ihre Zeilen auf Englisch ins Mikro schmettert, sollten auch andere Zeiten anbrechen. Man glaubte: Englisch sprechen alle, es klingt cool und man hört auch nicht gleich, wenn mal Blödsinn geträllert wird. Stimmt auch. Aber spätestens mit dem neuen Jahrtausend vollzog sich trotzdem eine angenehme Wende: Ganz abgesehen von den »Klassikern« wie Udo Lindenberg, Herbert Grönemeyer, Heinz Rudolf Kunze, Nena oder Rammstein, die schon immer dazu standen, dass sie ihre Texte auf Deutsch schrieben und vortrugen, bekannten sich immer mehr Bands zu ihrer Muttersprache und sangen ganz bewusst nicht in einer Fremdsprache.

Anfangs gab es Wirbel, als sich beispielsweise Mia mit ihrem Song *Was es ist* – in dem sie Zeilen aus dem gleichnamigen Gedicht von Erich Fried verwendete und das von der Band zum »Liebeslied für Deutschland« erklärt wurde – den Vorwurf einhandelte, eine neonationalistische Provokation in Musik gegossen zu haben, während sie sich selbst angeblich doch als politisch links einordnet. Wie deutsch darf Musik sein? Weil die Künstler sich auch inhaltlich mit Deutschland und einer neuen deutschen Identität auseinandersetzen wollten, kamen Fragen wie diese auf, und so richtig wusste erst mal keiner eine Antwort.

Doch der Stein war ins Rollen gekommen, immer mehr Bands und Sänger entschieden sich für deutsche Texte – auf ihr gesamtes Repertoire bezogen oder auch nur einen Teil davon. Bei vielen »neudeutschen« Musikern wurde die Sprache dann bald schon als reine Selbstverständlichkeit wahrgenommen: Xavier Naidoo, Wir sind Helden, Juli, Revolverheld, Ich + Ich – alle sangen und singen deutsche Texte.

Die Musikbewegung der »Hamburger Schule« schließlich, die Ende der 1980er-Jahre entstand, ihre Wurzeln in der Neuen Deutschen Welle hat und bereits Mitte der Neunziger sehr erfolgreich war, hatte sich ganz klar der deutschen Sprache verschrieben und zelebrierte intellektuelle Texte und Gesellschaftskritik. Gleichzeitig war es diesen Künstlern nicht wichtig, mit der Entscheidung für deutsche Zeilen ein politisches oder sonst irgendein Zeichen zu setzen. Für sie war es einfach selbstverständlich, dass sie in der Sprache, mit der sie aufgewachsen sind, auch Musik machen. In welcher auch sonst? Zu diesen Bands gehören unter anderem Die Sterne, Blumfeld, Tocotronic, Rocko Schamoni, Selig oder in späterer Generation Kettcar, Klee, Virginia Jetzt! und Tomte.

In Frankreich sorgt man mit einer Quote dafür, dass die Radiosender verpflichtend 40 Prozent Musikanteil in französischer Sprache senden müssen. Auch für Deutschland wird das immer wieder diskutiert, wurde aber bisher nicht umgesetzt. Die Künstler müssen einfach selbst ihren Teil dazu beitragen, dass deutsche Texte weiterhin angesagt und so selbstverständlich wie möglich bleiben: Gute Musik wird immer gehört und gespielt.

64. GRUND

Weil die GEMA Existenzen sichert

Viele Clubbesitzer hassen die GEMA, spätestens seit sie 2012 eine Tarifreform plante, die für viele kleine Tanzlokale den Ruin hätte bedeuten können: Die Verwertungsgesellschaft für Musikrechte wollte ihre vormals elf Tarife in nur noch zwei umwandeln. Veranstaltungen, bei denen die Besucher zwei oder weniger Euro Eintritt zahlen, sollten einen Mindestsatz entrichten, alle anderen zehn Prozent des

Eintrittsgelds abführen. Clubbetreiber rechneten bei Einführung dieses Prozederes mit Mehrkosten von bis zu 2.000 (!) Prozent und sahen ein landesweites großes Diskothekensterben drohen. Ein Schiedsspruch des Deutschen Patent- und Markenamts konnte im Jahr 2013 erst mal das Schlimmste verhindern. Dort sah man in der geplanten Reform einen Verstoß gegen das Gleichbehandlungsgebot. Damit war noch nicht klar, welche Regelungen für die Zukunft genau gelten, darüber sollte noch weiter verhandelt werden.

Die GEMA, Abkürzung für die staatlich legitimierte Gesellschaft für musikalische Aufführungs- und mechanische Vervielfältigungsrechte, vertritt die Urheberrechte von mehr als 65.000 Menschen aus der Musikbranche in Deutschland: Komponisten, Texter, Musikverleger. Weltweit setzt sie sich für zwei Millionen Inhaber dieser Rechte am eigenen Wort beziehungsweise an der eigenen Komposition ein. Damit ist sie eine der größten Autorengesellschaften für Werke der Musik. Und sie kostet alle, die öffentlich Musik spielen und damit etwas verdienen wollen, Geld. Was diejenigen in der Regel nicht gut finden, vielleicht weil Musik sich immer so anfühlt, als würde sie allen und niemandem gehören.

Doch das Geld, das die GEMA fleißig sammelt, fließt eben an die Künstler, die diese Musik geschaffen haben. Denn die GEMA setzt sich dafür ein, dass Musiker für die Nutzung ihrer Werke angemessen entlohnt werden. Und für diese Musiker macht es dann vor allem auch einen Unterschied, ob sie nur einen netten Song geschrieben haben, den ein paar Leute sich ganz gern anhören, oder ob es ein echter Hit ist, der landauf, landab in den Diskotheken, Supermärkten, in Boutiquen und bei den Radiostationen gespielt wird: Je häufiger ein Lied genutzt wird, desto mehr Geld bekommt derjenige, der es »erfunden« hat. Eine gute und sinnvolle Idee – die GEMA sichert damit schließlich die Existenz vieler Musiker. Außerdem setzt sie sich auch für Kulturförderung ein. Sie verleiht jährlich den renommierten Deutschen Musikautoren-Preis und mit der Initiative Musik der Bundesregierung fördert sie Musik-

Nachwuchs in den Bereichen Pop, Rock und Jazz. Hört sich gut an, oder? Deshalb ist die GEMA eine dieser Sachen, die dem einen sehr guttun, für die andere jedoch zahlen müssen. Vielleicht tun sie es in Zukunft ein Stück weit lieber.

Weil deutsche Komponisten die klassische Musik prägten

»Da-da-da-daaaa, da-da-da-daaaa« – dieses vielleicht berühmteste Intro der Musikgeschichte stammt von Ludwig van Beethoven, der damit seine 9. Sinfonie unsterblich machte. Deutschland steht weltweit für klassische Musik, deutsche Werke werden auf den großen Bühnen gespielt, und die Liste berühmter deutscher Komponisten ist sehr lang: Johann Sebastian Bach (1685–1750) und Georg Friedrich Händel (1685–1759) zählen für die Zeit des Barock dazu, Franz Joseph Haydn (1732–1809) und Wolfgang Amadeus Mozart (1756–1791) in der Klassik. Ludwig van Beethoven (1770–1827) ist ebenfalls ein »Klassiker«, mit seinen Spätwerken begann jedoch die Romantik (1800–1850).

Die Geschichte klassischer deutscher Musik beginnt im Mittelalter, wo Kirchenmusik und Minnesang schwer im Trend lagen. Hildegard von Bingen, die oft mit ihrem naturheilkundlichen Wissen zitiert wird, war beispielsweise auch Komponistin und Dichterin und schuf eine Reihe geistlicher Werke. Walther von der Vogelweide gilt als bekanntester Vertreter des Minnesangs, er schrieb ganze 40 Jahre lang seine berühmten romantischen Lieder. In der Zeit der Renaissance verließ die Musik die Kirche, öffnete sich für das Volk und diente zunehmend der Unterhaltung. Im Barock ging es den Künstlern vor allem darum, beim Publikum Emotionen zu wecken und beeindruckende Effekte zu setzen – alles war pompös und opulent. In der Klassik wurde es dagegen wieder schlichter, und die Musik zog in die heimischen Stuben der Familien ein, weil sich mehr Menschen Instrumente leisten konnten. Nicht nur in der Kunst, sondern auch in der Musik schaute man während der Romantik in die Natur und interessierte sich für deren Phänomene, suchte das Übernatürliche. Die Musik erzählte Geschichten, sie wurde komplexer und dynamischer. Im 20. Jahrhundert schließlich wurde die Kluft zwischen populärer Musik wie Jazz sowie Rock und Klassik immer größer: Populäres ist fürs Volk, die Klassik zieht vor allem Bildungsbürger an. Noch heute steht Klassik für Werte, Wissen und Kultur. Und obwohl sie per se elitär ist, steht sie allen zur Verfügung. »Da-da-da-daaaa, da-da-da-daaaa« – das kennt doch wirklich jeder!

66. GRUND

Weil deutsche Musik international gefragt ist

Wenn die Menschen in Mexiko, Dänemark, in der Tschechischen Republik, der Schweiz oder in Finnland und Holland uns Deutsche für Brachialo-Typen halten, die gern mit Feuer spielen und bei denen dann das Deo versagt, sodass sie hemmungslos vor sich hin schwitzen, oder für wehmütige Balladen-Rocker mit ungeschnittenen, lockigen Haaren – dann sind daran Bands wie Rammstein oder die Scorpions schuld und ihre Songs mit so wohlklingenden Namen wie *Ich tu dir weh* und *Wind of Change*. Diese deutschen Künstler sind oder waren in der Vergangenheit international extrem erfolgreich, man kann sagen, sie haben Musikgeschichte geschrieben. Auf jeden Fall sind sie auch außerhalb der Landesgrenzen sehr bekannt und haben damit wohl ein Stück weit das Bild vom deutschen Musikgeschmack im Ausland geprägt. Ob uns das gefallen mag oder nicht – den Zuhörern hat es gefallen und das ist doch die Hauptsache.

Rammstein sind die Provokationsrocker aus Berlin mit Sänger Till Lindemann an der Spitze, die sich seit 1994 mit viel Pyrotechnik bei Bühnenauftritten, harten Tönen und vor allem heftigen Texten häufiger mal in die Illegalität verirren. »Neue Deutsche Härte« heißt das, Rammstein selbst nennt es »Tanzmetall«. Obwohl sie grundsätzlich auf Deutsch singen, sind sie in den USA sehr beliebt. Unter Fans harter Klänge versteht man sich wohl auch ohne viele Worte gut.

Bei den Heavy-Metal-Kerlen der Scorpions aus Hannover, die 1965 – damals noch als »Nameless« – starteten, lief das alles noch zwei Nummern größer ab, sie eroberten internationale Stadien im Sturm. Und sie durften zum Beispiel im Jahr 2003 auf dem Roten Platz in Moskau spielen. Das außergewöhnliche Konzert mit dem Presidential Orchestra of the Russian Federation hatte stolze 500.000 Zuschauer. Im Vorprogramm spielte übrigens Thomas Anders, ehemaliges Mitglied von Modern Talking – Männer mit feschen Frisuren unter sich … Mit einem letzten Album beendeten die Scorpions 2010 ihre außergewöhnliche Karriere – nach mehr als 100 Millionen verkauften Tonträgern.

Von solchen Zahlen können andere nur träumen (auch Rammstein verkaufte bisher »nur« mindestens 15 Millionen Platten), aber den Sprung in die Ohren, Hirne und Herzen der Menschen in fremden Ländern haben noch einige andere Künstler mit ihrer Musik geschafft, unter anderem Tokio Hotel, Kraftwerk, Scooter oder auch Lena Meyer-Landrut mit ihrem *Satellite*. Im Dance-Bereich passiert ebenfalls einiges, unter anderem ist DJ Westbam international sehr erfolgreich.

Auf dem internationalen Musikmarkt hat Deutschland nie die erste Geige gespielt und wird es wahrscheinlich auch in Zukunft nicht tun. Aber es lässt doch regelmäßig von sich hören – und das meistens besonders laut und intensiv.

Weil immer noch 99 Luftballons aufsteigen

»Hast du etwas Zeit für mich, dann singe ich ein Lied für dich ...« – singen Sie ruhig weiter, das ist ganz normal! Kaum jemand bleibt stumm, wenn die ersten Töne dieses Songs erklingen, denn sofort weiß man, worum es sich hier dreht: Die *99 Luftballons* von Nena sind ein absoluter Klassiker. Hätte es damals den Ohrwurm noch nicht gegeben, für diesen Song hätte er erfunden werden müssen.

Damals, das ist 1983. 1983 herrscht Kalter Krieg, nach dem NATO-Doppelbeschluss werden amerikanische Atomraketen in Deutschland stationiert, und das macht vielen Menschen Angst: Wird es einen Atomkrieg geben? Die Friedensbewegung der 1980er entsteht. Und Nena und ihre Band erzählen, wie 99 Luftballons einen Krieg auslösen: Der Text erzählt, wie die Menschen glauben, dass da Ufos am Himmel fliegen, und ein General weist eine Fliegerstaffel an, den Ballons zu folgen. Sie sollen Alarm schlagen, falls sich da wirklich Außerirdische der Erde nähern. Die Fliegerstaffel warnt aber nicht, sie schießt direkt los – was anliegende Staaten als Angriff verstehen und ihre Armee aufrüsten. Die Folge sind im Song »99 Jahre Krieg«, die »keinen Platz für Sieger lassen« und das Ende bedeuten: »Heute zieh' ich meine Runden, seh' die Welt in Trümmern liegen. Hab 'nen Luftballon gefunden, denk an Dich und lass ihn fliegen«.

Ein Mann namens Carlo Karges soll ein Jahr zuvor bei einem Westberliner Konzert der Rolling Stones die Idee zu diesem Song gehabt haben. Dort ließ man Luftballons in den Himmel steigen, und er fragte sich, was passieren würde, wenn die nach Ostberlin wehen und dort einen militärischen Einsatz auslösen würden. Carlo Karges war Gitarrist in Nenas Band und aus der Idee wurde erst ein Text, dann schrieb Keyboarder Uwe Fahrenkrog-Petersen noch die Melodie dazu – ein Welthit war geboren.

Und dass der wirklich auch international bekannt wurde, daran soll Christiane F., die berühmte tragische Hauptfigur aus dem Roman *Wir Kinder vom Bahnhof Zoo*, einen großen Anteil haben. Auf einer USA-Reise soll sie den Song einem bekannten DJ gegeben haben, der ihn in seiner Radiosendung spielte. Das Lied kam bei den Hörern gut an und wurde von anderen Stationen und auch von MTV ins Programm aufgenommen. Noch heute gehört es zum Standardrepertoire vieler DJs, ist ein Tanzgarant und Mitgrölhit, der genauso wenig altert wie Sängerin Nena und noch heute zu jeder zweiten ordentlichen Playlist bei einer Hochzeitsfeier oder ähnlichen gesellschaftlichen Events gehört.

68. GRUND

Weil: »Bumm, Bumm, Bumm!«

Erwähnen Sie in Gegenwart eines Fans elektronischer Musik einmal den Namen Kraftwerk, und achten Sie auf sein verzücktes Lächeln und den verträumten Blick. Der Sound dieser Band war radikal neu und gleichzeitig zukunftsweisend: Wird heute ein Song von Kraftwerk im Radio gespielt, glaubt man in der Regel nicht, dass er schon stolze 30 Jahre alt ist – so modern und immer noch innovativ klingen ihre Werke. 1970 in Düsseldorf gegründet, gilt die Band als Pionierformation des Elektropop, die *New York Times* betitelte sie als die »Beatles der elektronischen Tanzmusik«. Die Band setzte nicht nur auf Instrumente wie Geige und Flöte, sondern auch auf Synthesizer, elektronische Klangerzeuger sowie Vocoder und Robovox – Geräte, mit denen man Stimmen verändern kann. Das klingt … na wie in einem lauten, stampfenden, metallisch klirrenden Kraftwerk eben, nur ein ganzes Stück musikalischer.

Ohne diese Band gäbe es wahrscheinlich unter anderem Techno nicht. Das wäre auch nicht schlimm, sagen die einen, die diese elektronische Stilrichtung für die schlimmste musikalische Sünde seit Erfindung des Tons halten, oder die anderen, die dabei vor allem an die vielleicht ärgsten modischen Sünden aller Zeiten denken (Neonfarbene, bauchfreie Tops! Schuhe der Marke Buffalo mit 15-Zentimeter-Plateausohlen! Superweite Hosen aus Polyester!). In den Augen und Ohren vieler ist Techno jedoch eine berauschende Party-Offenbarung, deren 160 Beats pro Minute den ganzen Körper beben lassen. Von Feinden als »Bumm-Bumm-Musik« verachtet, hat Techno es zumindest geschafft, eine Jugendbewegung auszulösen: In den 90er-Jahren war Musik meistens sehr laut und die Tanzenden feierten sich selbst in einem einzigen Rausch, teilweise unterstützt von synthetischen Drogen wie Ecstasy.

Es war so etwas wie die Neuinterpretation des Hippietums und ein bisschen wie Woodstock kann man sich auch die Loveparade vorstellen: Dieses Megaevent begann 1989 als kleiner Umzug mit rund 150 Teilnehmern, die unter Techno-Beschallung durch Berlins Straßen zogen. Jahr für Jahr wurde die Parade, begründet von dem DJ Dr. Motte und der Multimediakünstlerin Danielle de Picciotto, größer und mehr Feierwütige strömten in die deutsche Hauptstadt: 1999 sollen es rund 1,5 Millionen gewesen sein und die Parade hatte sich zur größten Tanzveranstaltung der Welt gemausert. Da war es für eingefleischte Szenegänger längst schon purer Kommerz, was sich da auf den Straßen und Grünflächen Berlins abspielte – obwohl die Parade immer kostenlos war, Eintritt kosteten nur die meisten Partys in den Clubs der Stadt danach. Und es fanden auch nicht mehr alle lustig, wie diese als Demonstration angemeldete Veranstaltung beispielsweise jedes Jahr den Tiergarten schwer in Mitleidenschaft zog – die Techno-Kids hinterließen immer Tonnen von Müll, trampelten den Rasen platt und pinkelten die Büsche nieder. Nach einigem Hin und Her zog die »Liebesparade« schließlich ins Ruhrgebiet, wo sie 2010 leider ein äußerst tragisches Ende fand: In Duisburg kam es zu einem Gedränge unter den Besuchern, bei dem 541 Menschen verletzt wurden und 21 sogar starben – 13 Frauen und acht Männer aus sieben Ländern. Die Party fand dort auf dem Gelände eines ehemaligen Hauptgüter- und Rangierbahnhofs statt. Ein Straßentunnel diente sowohl als Ein- wie auch als Ausgang. Als sich dort immer mehr Menschen drängten und nicht schnell genug wegkamen, erlitten einige von ihnen tödliche Verletzungen. Damit ging eine Ära zu Ende.

Die Musikszene lebt jedoch weiter. Noch heute sind hiesige DJs und Bands der elektronischen Szene auch international bekannt: Westbam, Sven Väth oder auch Scooter. Scooter haben mehr als 30 Millionen CDs verkauft, gelten als eine der erfolgreichsten Bands Deutschlands und schrieben mit Songs wie *Hyper, Hyper* oder *Move Your Ass!* Musikgeschichte – hiesige Plattenkünstler sind richtig gut in »Bumm! Bumm! Bumm!«.

69. GRUND

Weil alle mitsingen dürfen

Deutsche Forscher haben herausgefunden: Singen stimuliert das Immunsystem und regt die Selbstheilungskräfte des Körpers an. Kurzum: Singen macht glücklich! Und zum Glück singen mindestens 1,5 Millionen Deutsche sehr regelmäßig. Sie gehören den über 59.000 Chören an, die in Verbänden organisiert sind – 21.900 davon in weltlichen und 37.200 in kirchlichen Verbänden. Deutsche Laienmusiker treten mit ihren Chören und Bands jedes Jahr bei 300.000 Konzerten vor rund 60 Millionen Zuhörern auf und beleben damit ganz massiv die deutsche Kulturlandschaft oder auch ausländische Programme bei Auftritten jenseits der Ländergrenzen.

Rock, Pop, Jazz oder Gospel: Die Gruppen und ihre Stile sind sehr vielfältig. Hier findet jeder etwas für seinen ganz eigenen Geschmack, auch was die Größe der Chöre und das Profil ihrer Mitglieder angeht. Da gibt es den kleinen Nachbarschaftschor, in dem sich die Anwohner eines Viertels zusammengefunden haben, oder den Kirchenchor, den die Gemeinde ins Leben gerufen hat, wie auch den großen Jugendchor, in dem Teenager ihre Freizeit sinnvoll verbringen können. Für die Mitglieder bedeutet das Singen in einem Chor meistens in erster Linie Spaß und vor allem auch ein angenehmes Miteinander mit netten Gleichgesinnten. Dabei muss man gar kein besonders großes Talent sein, denn man bekommt die nötigen Kniffe vermittelt und trainiert und lernt das Singen ja auch ein Stück weit im Rahmen der Chorarbeit. Außerdem wird man auch von den anderen motiviert. Für die Zuschauer bieten die Hobbysänger gute Unterhaltung, die oftmals noch besonders günstig ist, häufig keinen Eintritt kostet. Ohne die lebendige deutsche Chorlandschaft wären solche Veranstaltungen in so hoher Zahl und guter Qualität kaum finanzierbar. Außerdem bewahren Chöre traditionelles und auch modernes Liedgut, das ohne sie vielleicht schnell in Vergessenheit geraten würde. Doch trotz aller Vorteile haben Chöre auch heute noch häufig ein piefiges Image. Singen gilt als öde Freizeitbeschäftigung für eher langweilige Leute, die Anschluss in einer Gruppe suchen und dort langweilige Songs herunterleiern. Doch der Trend geht neuerdings immer mehr zum Chor. Die Repertoires sind vielfältig, und es darf gesungen werden, was gefällt, egal aus welcher Stilrichtung.

Meine Vorstellung vom Singen war lange geprägt von leicht traumatischen Erfahrungen im Schulunterricht, wo man einzeln aufstehen und vor der ganzen Klasse ein Lied vortragen musste. Es gab nur eine Chance, die »Darbietung« wurde direkt bewertet. Die Note fiel meistens eher schlecht aus, und das war schrecklich frustrierend. Ich lag auch einige Mal mit den Tönen sehr daneben. Besonders fies waren diese »Auftritte« aber für die Jungs, die trotz Stimmbruchs trällern mussten und sich dabei teilweise vor den Mitschülern heftig blamierten – Teenager können gnadenlos sein …

Die schlechten Erinnerungen wurden bei mir ein paar Jahre später zum Glück durch einen kleinen Chor ins Positive gewendet, den mein WG-Mitbewohner initiiert hatte und dem ich mich ganz spontan angeschlossen hatte: Es wurde dringend Nachwuchs gesucht, weil sie nur zu fünft waren, also probierte ich es einfach mal aus. Chorerfahrung hatte ich vorher keine. Diese Gesangsgemeinschaft hatte so etwas wie einen religiösen Hintergrund: Vier der fünf Mitglieder gehörten einer kleinen und ziemlich harmlosen Religionsgemeinschaft an, die tolerant genug war, um mich Atheistin ohne ein besonderes Aufnahmeritual oder Ähnliches aufzunehmen.

Wir sangen einige Songs, die sie mitgebracht hatten und die im Vergleich zu den Kirchenliedern, die ich zuvor gehört hatte, ziemlich schmissig waren. Außerdem auch Titel von coolen Bands wie den Beach Boys. Wir trafen uns einmal die Woche, mein Mitbewohner begleitete uns mit seiner Gitarre und gab den Chorleiter. Es war alles sehr unaufgeregt und unverbindlich – und es machte einen Mordsspaß. Ich habe entdeckt, dass Singen richtig Spaß machen kann, wenn man es einfach tut und nicht mehr daran denkt, dass man es vielleicht gar nicht gut kann. Denn oftmals stimmt das auch gar nicht, auch ich entdeckte durch den kleinen Chor, dass ich eigentlich gar nicht so schlecht singen kann und vor allem überraschend hoch. Wir hatten schließlich sogar einen kleinen Auftritt auf einem Stadtfest. Das war ziemlich cool. Die anderen Chormitglieder waren Menschen, die ich sonst im Leben wohl kaum näher kennengelernt hätte: Wir waren eine bunt gemischte Truppe, die aber eine gemeinsame Leidenschaft entdeckt hatte und ein gemeinsames Ziel verfolgte. Das fühlte sich richtig gut an.

70. GRUND

Weil uns nichts peinlich ist

Chirurginnen und Versicherungsvertreter tanzen mit neonpinkfarbenen Langhaarperücken, riesigen Sonnenbrillen oder Cowboystrohhut zur Glitzerschlaghose Seite an Seite auf Hamburgs Straßen – und dazu dröhnen aus den Boxen Liedzeilen wie »Du hast mich tausendmal belogen, du hast mich tausendmal verletzt, ich bin mit dir so hoch geflogen, doch der Himmel war besetzt«. Oder auch »Wir fahren in die Berge und der ganze Bus muss Pipi – Leider haben wir nur ein WC im Bus, doch der ganze Bus der muss, muss, muss …«. Wenn die Hansestadt jedes Jahr im Juli so eine bunte Party feiert, heißt das »Schlagermove«, und spätestens dann wissen alle, dass der deutsche Schlager wirklich immer noch lebt und seine Fans genauso quicklebendig sind.

Ob Rock oder Techno – scheinbar nichts konnte dem Schlager etwas anhaben. Von musikalischer Konkurrenz lässt er sich nicht beeindrucken, sondern geht einfach weiter seinen Weg. Einfache Rhythmen und Melodien, dazu Texte, die vor allem von Liebe und Herzschmerz handeln und möglichst simpel sind – zum Mitsingen eben: Fertig ist der Schlager und gute Stimmung garantiert.

Die Schlagersänger scheinen auch unverwüstlich: Sogar Heino hat 2013 noch eine neue Platte (*Mit freundlichen Grüßen*) herausgebracht. Weitere Stars der Szene heißen Jürgen Drews (*Ich bin der König von Mallorca*), Andrea Berg (*Die Gefühle haben Schweigepflicht*) oder – recht neu im Geschäft – Beatrice Egli (*Mein Herz*). Der erste gilt als Nervensäge mit silikongepimpter Blondchen-Ehefrau, die zweite wegen ihrer Lederkorsagen-Bühnenoutfits als Bauspar-Domina, die dritte als pummelige neue Hoffnung des modernen Schlagers. Die Schweizerin Egli hat im Jahr 2013 das Dieter-Bohlen-TV-Casting *Deutschland sucht den Superstar* gewonnen. Sie wurde erst von vielen belächelt und schlimm belästert, aber die Zuschauer wählten sie unerbittlich Sendung für Sendung weiter – bis zum Sieg. Das zeigt, wie viele Schlagerfans es da draußen wirklich gibt.

Sie feiern die Musik mit dem unübertrefflichen Mitgrölfaktor ungebremst und ungehemmt in Mallorcas Ballermannkneipen, auf der Skihütte oder im Partykeller der Doppelhaushälfte. Da wird mitgelacht, mitgeweint, mitgeträumt. Das ist peinlich? Vielleicht. Aber Gefühle müssen einem doch niemals peinlich sein …

KAPITEL 8

Von außen betrachtet

Wie andere uns sehen

Weil man hier sicher leben kann

Ich wohne in einer Großstadt mit dreieinhalb Millionen Einwohnern und gehe jederzeit ohne Angst vor die Tür. Ich fühle mich hier sicher und glaube, in dieser Stadt kann mir nicht viel passieren. Die Gefahr, Opfer eines Überfalls oder einer anderen Straftat zu werden, ist vielleicht größer als auf dem Land oder in einer durchschnittlichen deutschen Kleinstadt und natürlich kann immer und überall etwas passieren, niemand ist vor Unglück gefeit. Ebenso sollte man einschlägige Viertel spätnachts besser meiden. Aber auch dort finden eher nicht so oft »Drive-by-Shootings« statt – die Kriminellen bleiben zum Glück meist unter sich. Was einem schon eher mal passieren kann, ist ein Handtaschendiebstahl, ein Autoklau oder ein Wohnungseinbruch: sehr unschön, aber zum Glück in der Regel vor allem ärgerlich und meist nicht lebensgefährlich. Alles in allem ist mein Sicherheitsgefühl hier also einfach sehr hoch und das durchaus zu Recht.

Im Jahr 2011 wurden 5,99 Millionen Straftaten in Deutschland gezählt. 54,7 Prozent davon wurden aufgeklärt. Am meisten fürchten muss man sich vor Diebstählen, die machen nämlich 40,1 Prozent der erfassten Fälle aus. Insgesamt geht die Kriminalität zurück und es werden mehr Straftaten aufgeklärt. Besonders sicher kann man sich übrigens in Bayern fühlen: Auf 100.000 Einwohner kamen dort 2011 nur knapp 5.000 Delikte.

Dieses Gefühl von Sicherheit hält man so lange für selbstverständlich, bis man es zum Beispiel im Ausland mal ganz anders erlebt. Wenn etwa Rucksackreisende in Guatemala vor dem Benutzen öffentlicher Verkehrsmittel gewarnt werden, weil Busse dort häufig mit Waffengewalt ausgeraubt werden. Oder ein Freund von mir war als Dozent an der Uni von Chicago zu Gast und nur wenige Minuten nach seiner Ankunft wurden vor seiner Unterkunft – eine

Einrichtung der Universität, auf dem Campus gelegen – zwei Leute erschossen. Er weiß zwar auch, dass in den USA Waffen sehr verbreitet sind, aber er war dennoch ein wenig, sagen wir, überrascht, als er aus dem Fenster schaute und direkt vor sich auf dem Fußweg die beiden Leichen liegen sah. Eine Bekannte ist aus Rio de Janeiro nach Berlin gekommen, und sie hat direkt nach ihrem Einzug Techniker bestellt, die ihr eine Kamera vor der Wohnungstür installierten, die 24 Stunden lang aufzeichnet, was davor passiert. Man hätte ihr vielleicht vorher sagen sollen, dass das in Berlin-Mitte nicht unbedingt nötig gewesen wäre, aber sie konnte sich offensichtlich nicht vorstellen, wie man ohne so eine Überwachungsanlage ruhig schlafen kann – ich hoffe nicht aus schlechter Erfahrung heraus. Für mich wäre so eine digitale Überwachung im privaten Raum unvorstellbar, viele würden gar nicht auf die Idee kommen, dass sie so etwas hierzulande brauchen, man kennt es nur aus Filmen.

Man ist nirgendwo auf der Welt absolut sicher, auch in der friedlichsten Idylle oder am einsamsten Fleckchen kann man Opfer eines Verbrechens werden. Aber dass man sich in Deutschland fast immer und fast überall ziemlich frei bewegen kann und kaum auf das Thema Kriminalität Rücksicht nehmen muss, empfinde ich als ein großes Glück. Die Polizei leistet ihren Beitrag dazu, die Politik mit ihren Maßnahmen für innere und äußere Sicherheit auch: Deutschland ist weitgehend sicher und soll es auch bleiben.

72. GRUND

Weil man hier ordentlich Gas geben darf

Deutschland ist zwar bekannt und berüchtigt für seine Bürokratie und vielen Regeln, die den Spaß am Leben schmälern können, aber eine Sache darf man erstaunlicherweise ziemlich ungehemmt tun: schnell Auto fahren! Zumindest auf den Autobahnen, auf denen es in Deutschland kein durchgängiges Tempolimit gibt. Interessant wird es überall dort, wo kein rundes Schild mit rotem Rand eine Geschwindigkeitsbeschränkung ausweist. Dann gilt meistens nur noch ein eckiges blaues Schild mit der Zahl 130 – und diese »empfohlene Richtgeschwindigkeit« lässt die Herzen derjenigen höher schlagen, die gern mal auf die Tube drücken.

Denn die Richtgeschwindigkeit ist wirklich nur eine Empfehlung, im Prinzip darf man auf den »blauen Strecken« so schnell rasen, äh, fahren, wie man will. Man darf nur keinen Fehler machen: Wenn bei höherer Geschwindigkeit ein Unfall passiert, dann haftet man anteilig für den Schaden, auch wenn man gar nicht schuld daran war. Daran kommt man nur vorbei, wenn man nachweisen kann, dass der Schaden bei 130 Stundenkilometern ähnlich hoch gewesen wäre.

Die Freiheit auf den Autobahnen hat Deutschland vielen europäischen Ländern voraus, in der Regel darf der Tacho dort auf Autobahnen höchstens 110 bis 130 anzeigen, weltweit sieht es ähnlich aus, es gibt fast überall ein generelles Tempolimit.

Weil Touristen aus anderen Ländern auch gern mal aufs Gas treten würden, gibt es sogar organisierte »Raser-Reisen«, bei denen zum Beispiel Amerikaner und Japaner auf kurvige deutsche Schnellfahrerstraßen und schnurgerade Autobahnen geleitet werden und dort – natürlich – im vollgetankten Porsche den Rausch der Geschwindigkeit genießen dürfen. Die kriegen dann hautnah zu spüren, dass Staus und Baustellen den Spaß schnell trüben können – davon gibt es auf deutschen Straßen nämlich gefühlt auch unbegrenzt viele. Und Fahrer, die trotz 130 plus wirklich nur 130 fahren und dann auch noch die Frechheit besitzen, aus der rechten Spur rüberzuziehen: Spielverderber!

Gegen die schlechte Laune, die solche Banausen provozieren, gibt es aber ein schönes Rezept. Den CD-Player im Auto sehr laut aufdrehen, wenn man folgendes Lied eingelegt hat: *Ich will Spaß* von NDW-Star Markus. Der textete so schöne Zeilen wie: »Will nicht spar'n, will nicht vernünftig sein, Tank nur das gute Super rein, ich mach Spaß! Ich mach Spaß, ich geb Gas!« Und er ahnte schon 1982 voraus, was heute längst bittere Wahrheit geworden ist: »Und kost' Benzin auch drei Mark zehn, Scheißegal, es wird schon geh'n.« Der Bleifuß kann arm machen, aber: »Ich will Spaß, ich will Spaß! Ich geb Gas, ich geb Gas!«

73. GRUND

Weil hier Müll getrennt wird

Aus einer Plastikflasche wird eine superstabile bunte Einkaufstüte, aus Gläsern werden Lebensmittelverpackungen, gebrauchte Getränkedosen sind ruck, zuck zu neuen umgeschmolzen: Recycling wird in Deutschland großgeschrieben, Rohstoffe werden umfangreich wiederverwertet und aufbereitet.

Fremde, die nach Deutschland kommen, sind oft überrascht angesichts der Vielzahl der Mülltonnen – um nicht zu sagen überfordert. Da gibt es zum einen die blauen Papiertonnen, in die Papier, Kartons oder Zeitschriften geworfen werden dürfen. In die gelbe Tonne oder den gelben Sack gehört alles, was den Grünen Punkt trägt. Der ist auf vielen Verpackungen aufgedruckt, zum Beispiel auf Suppendosen, Spülmittelflaschen, Joghurtbechern oder Kartons, in die Lebensmittel verpackt sind. Der Grüne Punkt steht auf Dingen aus Kunststoff, Metall oder sogenannten Verbundmaterialien wie beim Tetrapak, bei dem ein Karton so mit Kunststoff beschichtet wird, dass er Flüssigkeiten auslaufsicher verpackt.

Glas muss nach der Farbe getrennt werden: Weiß, Grün oder Braun. Jede dieser Farben hat dabei ihren ganz eigenen Container. Und bitte nicht vergessen, vorher die Verschlüsse zu entfernen – die kommen nämlich nebenan in die gelbe Tonne! Braune Tonnen sind für Biomüll gedacht, also alles, was man im Garten auf den

Kompost werfen könnte – Eierschalen, Gemüsereste oder Essensabfälle. Schließlich bleibt noch die schwarze Restmülltonne. Da kommt alles rein, was keinen Platz in den anderen Tonnen hat, also nicht verwertbar ist – aber Achtung, bitte auch keine Schadstoffe enthält! Deshalb dürfen Batterien und Akkus hier nicht entsorgt werden: Für die gibt es kleine Sammelboxen in Supermärkten und Geschäften. Denn in den kleinen Dingern stecken giftige Stoffe wie Cadmium, Blei und Quecksilber. Aber auch wertvolle Metalle wie Eisen, Nickel, Mangan und Zink, die in der Metallindustrie wiederverwendet werden können, unter anderem um neue Batterien daraus zu machen. Es gibt sogar – wir sind ja in Deutschland – ein Batteriegesetz über das spezielle Recycling, das »Gesetz über das Inverkehrbringen, die Rücknahme und die umweltverträgliche Entsorgung von Batterien und Akkumulatoren«.

Klingt alles kompliziert, das mit diesem Recycling, hat man aber schnell drauf. Und es ist ja für einen guten Zweck: Alles, was man nicht in den Restmüll schmeißt, ist gut. Denn alles, was dort reinkommt, landet auf der Restmülldeponie und hat dann nur noch die Chance, etliche Jahre vor sich hin zu modern. Wenn etwas nicht aus alten Materialien hergestellt werden kann, muss es neu produziert werden, und das treibt den Klimawandel voran – obwohl auch Recycling nicht ohne Energieverbrauch und Umweltverschmutzung auskommt, beispielsweise wird reichlich Kohlendioxid in die Atmosphäre gepumpt, wenn Dosen umgeschmolzen werden.

Mülltrennung ist bei mir persönlich genetisch bedingt: Mein Vater ist ein echter Profi in Sachen Recycling und in unserem Familienleben war es früher fest im Alltag verankert. Wer mit dem Hund rausging, musste eine Tasche mit Flaschen zum Glascontainer mitnehmen. Beim abendlichen Aufräumen der Küche wurden die Tetrapaks mit schlafwandlerischer Routine gefaltet und in den gelben Sack befördert. Joghurtbecher durften dort nicht rein, bevor sie nicht abgewaschen worden waren – das Argument, dass das ökologisch ja wohl nicht besonders sinnvoll sein kann, wenn man dafür auch noch zusätzliches Wasser verbraucht, wischte mein Vater immer mit dem Gegenargument vom Tisch, dass das Abwaschwasser ja sowieso im Becken war. Wer den Stöpsel zog, bevor die Joghurtbecher abgewaschen waren, wurde also sehr kritisch angeschaut! Von alldem war ich immer so genervt, dass ich in meinem ersten eigenen Haushalt aus Protest erst mal die totale Recycling-Verweigerung probte: Alles kam in einen Mülleimer, sogar Papier. Dann merkte ich aber schnell, dass da immer eine ganze Menge Hausmüll zusammenkommt, man ständig zur schwarzen Tonne im Hof laufen muss, und mit jedem »bunt gemischten« Müllsack wuchs auch mein schlechtes Gewissen, schließlich stehen die gelbe und die blaue Tonne ja direkt neben der schwarzen, man muss es wirklich nur vorsortieren. Also richtete ich wieder Stück für Stück verschiedene Behälter für die Mülltrennung ein: Erst Papier, dann Plastikmüll und Flaschen werden extra danebengestellt und dann möglichst regelmäßig zum Container getragen. (Ein Tipp: Bei Bierflaschen und anderen Exemplaren ohne Deckel unbedingt noch mal die Reste ausschütten – sonst wird's eklig!) Ist irgendwie spießig. Aber wann kann man sich ein im wahrsten Sinne des Wortes reines Gewissen auf so einfache Weise erarbeiten? Ich bleibe dran!

74. GRUND

Weil es die Elternzeit gibt

Freunde von mir sind leichtsinnigerweise aus beruflichen Gründen nach Holland gezogen, bevor sie beschlossen, Eltern zu werden. Das Kind – ein kerngesunder und sehr entzückender Junge – kam also bei den Käseessern und Wohnwagenurlaubern zur Welt. Und dabei begegneten dem Paar einige Skurrilitäten. Die Mutter verzichtete dankend auf das Geburtsset mit der großen abwaschbaren Plane für die Hausgeburt, das dort standardmäßig an werdende Mütter ausgegeben wird, und brachte ihren Sohn im Krankenhaus zur Welt, was in Holland alles andere als eine Selbstverständlichkeit ist. Die Eltern wurden auch damit fertig, dass die Hebamme, die nach der Geburt zu ihnen nach Hause kam, nicht wie in Deutschland üblich, alle zwei bis drei Tage mal für ein Stündchen nach dem Baby und seiner Mutter schaute, sondern für die ersten acht Tage nach der Geburt quasi mit bei ihnen einzog und acht Stunden täglich in der Wohnung zugegen war. Die Aufgabe dieser Helferin war es unter anderem auch, den Haushalt zu besorgen. Nette Idee, aber irgendwie hat man ja als junge Familie auch gern mal ein bisschen Ruhe.

Brenzlig wurde es, als sie sich mit dem Thema Kinderbetreuung auseinandersetzten. Bis zu 14 Monate Elternzeit, in denen sich Eltern um ihren Nachwuchs kümmern können, ohne dabei um ihren Job fürchten zu müssen, und auch noch vom Staat Elterngeld bekommen, so wie es in Deutschland üblich ist, davon sind andere Länder weit entfernt. In Holland bringt die Mutter ihr Kind zum Beispiel in der Regel schon acht Wochen nach der Geburt in eine Kinderkrippe. Dort wird es gemeinsam mit sehr vielen anderen Kindern jeden Alters mehr oder weniger gut gehütet. Bemerkenswert ist zum Beispiel, dass es dort als wichtig gilt, dass Kinder möglichst bald Brot mit Erdnussbutter essen. Nach dem Motto: Macht satt und sie essen es ja gern. Meine Freunde wollten nicht, dass ihr Baby Erdnussbutterbrote isst, und sie diskutierten lange mit ihren Arbeitgebern und nahmen sich unbezahlten Urlaub, um ihr Kind wenigstens fünf Monate zu Hause betreuen zu können, und leisteten sich danach eine ziemlich teure Tagesmutter.

Auch in anderen Ländern wird es Eltern – und vor allem Müttern – alles andere als leicht gemacht, vor allem wenn ihre Kinder noch ganz klein sind. Sogar in Frankreich, das bei diesem Thema oft als Vorzeigebeispiel gilt, sieht es auf den zweiten Blick gar nicht so traumhaft aus wie oft beschrieben: Dort gibt es genügend Möglichkeiten, auch seine ganz kleinen Kinder fremdbetreuen zu lassen. Das bedeutet aber auch, ähnlich wie in Holland, dass von den Frauen erwartet wird, dass sie diese Möglichkeiten auch nutzen und sehr bald nach der Geburt wieder in den Job zurückgehen.

In Deutschland hat man die Wahl: Zwölf Wochen Mutterschutz rund um die Geburt sind für Angestellte die Regel, in der Zeit vor der Niederkunft dürfen sie auf eigenen Wunsch arbeiten, danach ist es verboten. Wenn eine Frau nach Ablauf dieses Mutterschutzes direkt weiterarbeiten möchte, kann sie das tun und mit etwas Glück auch schon so früh auf staatlich unterstützte Betreuung zurückgreifen. Aber sie kann eben auch länger zu Hause bleiben – und nicht nur sie, sondern auch der Vater. Nicht zuletzt kann man über die Zeit, in der man Elterngeld bekommt, hinaus auch im Job pausieren, um sich um seine Kinder zu kümmern und unbezahlt Elternzeit nehmen, ohne die Rückkehr in den Job zu gefährden. Man geht dann zurück, wenn es für die neue Familie passt. Natürlich mag das nicht immer glattgehen, weil es doch an gut erreichbaren Betreuungsmöglichkeiten mangelt oder der Arbeitgeber nicht wirklich kinderfreundlich ist und die Rückkehr ins Büro zu einem bestimmten Zeitpunkt erwartet. Aber der rechtliche Rahmen ist gesteckt.

75. GRUND

Weil hier Wetter noch Wetter ist

Es fallen auch im deutschen Wetterbericht Stichworte wie »Starkregen«, »Schneesturm« oder »Tornado«, und erst im Frühjahr 2013 zeigte die Natur wieder, was ein Hochwasser in Deutschland anrichten kann. Natürlich gibt es auch in Deutschland Wetterereignisse, durch die Menschen zu Schaden kommen und sogar sterben. Trotzdem: Wir sind den Kräften der Natur hierzulande lange nicht so stark und schutzlos ausgeliefert wie die Bewohner vieler anderer Flecken der Erde. In Deutschland ist Wetter noch Wetter.

Die manchmal zu kühlen, dann wieder zu heißen Sommer sind unangenehm und haben vielleicht auch irgendwas mit dem Klimawandel zu tun. Doch wir sind weit entfernt von russischen Dürren oder amerikanischen Wirbelstürmen. Im Fall eines Sturms müssen wir auch selten mehr fürchten als umgestürzte Bäume. Die Wetterdienste warnen, unsere Häuser sind in der Regel so gebaut, dass sie nicht weggeweht werden, und die Stromnetze sind meistens auch zuverlässig. Wenn etwas passiert, sind viele qualifizierte Helfer, zum Beispiel vom Technischen Hilfswerk, zur Stelle. Und wenn wir uns über das bisschen Regen echauffieren, das ab und zu in Hamburg fällt, kann es uns ja nicht so schlecht gehen. Denken Sie dran, wenn Sie das nächste Mal darüber reden wollen, wie kalt/warm/neblig/frisch/eisig/heiß/kühl/unangenehm es draußen ist: Was das Wetter angeht, jammert der Deutsche auf hohem Niveau!

76. GRUND

Weil es kaum Korruption gibt

Ein Freund von mir reist häufig nach Südamerika. Dort wurde ihm einmal vor einem Hotel in Bolivien seine Aktentasche gestohlen. Der Dieb flüchtete in einem Auto, mein Freund notierte sich geistesgegenwärtig dessen Kennzeichen und ging damit zur Polizei. Er war sich sicher, dass ihm dort schnell geholfen werden würde und man den Täter anhand des Kennzeichnens würde ausfindig und dingfest machen können. Die Beamten nahmen sein Anliegen auf, tippten Daten in einen alten, rostigen Computer, tätigten ein paar Anrufe und teilten ihm dann mit, dass sie den Dieb tatsächlich ausfindig gemacht hätten. Er freute sich sehr – zu früh. Die Beamten erklärten ihm weiter, er könne jetzt gemeinsam mit ihnen im Polizeiwagen zum Haus des Täters fahren – wenn er das Benzin dafür bezahlt.

Besagter Freund konnte schon von Glück reden, dass sie ihm nicht einfach stumm die Hand entgegenhielten, bevor sie überhaupt irgendwas unternahmen oder gar mit ihm sprachen. In vielen Ländern geht in bestimmten Fragen mit Geld fast alles, ohne nichts. Und wenn man diese Länder besucht, erlebt man das oft schneller am eigenen Leib, als einem lieb ist. In Russland beispielsweise soll ja mit Bestechungsgeld fast alles möglich sein.

Würden wir in Deutschland einem Polizisten bei einer allgemeinen Verkehrskontrolle Geld dafür bieten, dass er uns weiterfahren lässt, ohne dass er misst, wie viel Alkohol wir getrunken haben, dann müssten wir uns warm anziehen. Natürlich gibt es überall auf der Welt bestechliche Menschen, aber hierzulande kann man ziemlich sicher sein, dass zum größten Teil alles mit rechten Dingen zugeht. Der Bauantrag wird in der Regel nicht gegen einen gewissen Extrabonus gewährt und würde dafür auch nicht schneller bearbeitet. Ärzte behandeln einen, wenn man die Chipkarte seiner Krankenkasse vorzeigt, oder gegen Rechnung bei Privatversicherten und nicht gegen Bares, wie beispielsweise in Griechenland, wo man sich meist nur mit einem gut gefüllten Sparkonto eine Krankheit zulegen sollte, die einer aufwendigen Behandlung oder einer dringenden Operation bedarf. Dort gilt: Wer gut zahlt, wird zuerst behandelt. Geld regiert die Welt, aber zum Glück nicht in dieser Konsequenz – zumindest nicht in Deutschland.

77. GRUND

Weil man hier älter wird

Ein Junge, der in Deutschland im Jahr 2011 geboren wurde, hat laut Statistik die Chance, durchschnittlich 77 Jahre und neun Monate alt zu werden, Mädchen desselben Jahrgangs sogar 82 Jahre und neun Monate. Weltweit wird man im Durchschnitt um die 70 Jahre – in

Deutschland wird man also älter. Und diese berechnete Lebenserwartung ist in Deutschland in den vergangenen Jahren immer weiter gestiegen.

Bei Menschen, die bereits Senioren sind, wird sogar eine noch höhere Lebenserwartung berechnet: Ein Mann, der heute 65 Jahre alt ist, hat noch durchschnittlich 17 Jahre und sechs Monate Leben vor sich, eine Frau noch 20 Jahre und acht Monate, also 82 und 85 Jahre Lebenserwartung. Dass sie theoretisch noch älter werden als die Neugeborenen von heute, liegt daran, dass diese Erwachsenen einige Risiken wie den Tod im frühen Kindesalter oder durch Arbeitsunfälle bereits überwunden haben. Bleibt das so, dann hat ein Junge des Jahrgangs 2009 sogar eine Lebenserwartung von 86 Jahren und fünf Monaten sowie ein Mädchen eine von 90 Jahren und acht Monaten.

Die Deutschen werden immer älter. Das haben wir unter anderem fortschrittlicher Medizin und Krankenversicherungen, einem funktionierenden Sozialsystem, guter Ernährung, sauberem Trinkwasser und einem insgesamt sehr hohen Hygienestandard zu verdanken. Dass es somit immer mehr ältere Menschen in Deutschland gibt, stellt das Land auch vor große Herausforderungen. Dieser sogenannte demografische Wandel sorgt unter anderem für hohe Kosten: Renten und ärztliche Behandlungen für die vielen alten Bürger müssen gezahlt werden. Aber alle profitieren natürlich auch davon. Sei es im privaten Bereich, wo die Großeltern noch lange präsent sind, oder im gesellschaftlichen Umfeld, wo die Senioren sich zum Beispiel immer öfter ehrenamtlich engagieren.

Ich lebe im klischeehaft kinderreichen Berlin-Prenzlauer Berg das klischeehafte Prenzlauer-Berg-Leben mit Mann und zwei Kindern im Kleinkindalter. Hier ist die Realität verzerrt. Alles scheint jung, man sieht so gut wie nie Senioren auf den Straßen, ja noch nicht mal Teenager. Die Rentner scheinen alle in andere Stadtteile gezogen zu sein, die zukünftigen Teenager buddeln heute alle noch im Sandkasten. Auf den überfüllten Spielplätzen in meinem Kiez scherzen die Eltern der Buddelkinder gern darüber, dass in zehn, 15 Jahren aus den Kita-Cliquen Jugendbanden werden, die dann rauchend und pöbelnd an den Ecken stehen und Angst und Schrecken verbreiten. Oder dass in 40, 50 Jahren sie selbst, wenn sie dann als Senioren noch im Bezirk geblieben sind, keine Shops mit Kaschmir-Babyjäckchen und keine Kindercafés mit »Baby Latte« auf der Karte und großem Spielbereich mehr brauchen, sondern »Essen auf Rädern« und mobile Pflegedienste. Vielleicht die ultimative Geschäftsidee für die vielen kreativen Freiberufler von heute, deren freaky Output dann niemand mehr will. Die Statistik spricht dafür!

Weil die Auswahl an Wurst und Käse riesig ist

Camembert, Brie, Appenzeller oder Bergkäse, mild, nussig, würzig: An einer x-beliebigen Käsetheke in einem deutschen Supermarkt haben es entscheidungsschwache Menschen nicht leicht· Da gibt es dicke runde Laibe von Leerdammer, kleine abstrakte Bruch-Gebilde von italienischem Parmesan (zwei, vier oder fünf Jahre gereift?). Es wird importiert, was das Zeug hält und die fremden Spezialitäten hergeben. Aber auch die heimische Produktion von etwa 150 Sorten in großen und kleinen Molkereien kann sich mehr als sehen lassen: Deutschland gilt als einer der wichtigsten und besten Käseproduzenten weltweit! Vor allem das süddeutsche Allgäu beheimatet viele traditionelle Käsebetriebe, die mit jahrelanger Erfahrung, Sachverstand und Gefühl echte Qualität produzieren. Tatkräftig unterstützt werden sie von den glücklichen Kühen, die dort auf leuchtend grünen Wiesen fressen und leben und die Milch für Emmentaler, Bergkäse oder Limburger bereitstellen.

Einige deutsche Sorten wie der Altenburger Ziegenkäse oder der Odenwälder Frühstückskäse sind sogar innerhalb der Europäischen

Union geschützt, man darf sie nicht in anderen Regionen als vorgegeben herstellen oder anderen Käse so benennen. Das nennt man auch »geschützte Ursprungsverzeichnung«, und es ist für solche Produkte immens wichtig, schließlich stehen regionale Marken wie der Camembert aus der Normandie für einzigartige Qualität und Tradition. Das wissen die Kunden zu schätzen und kaufen die Produkte oftmals gerade deshalb.

Käse ist nichts für mich, ich gehöre eher der Fraktion der Fleischesser an und gerate ein paar Schritte weiter im Supermarkt, am Metzgerstand, ins Schwärmen: Lyoner, Leberwurst, Fleischwurst und Schinken in der Version »Kochschinken« oder lieber geräuchert oder doch luftgetrocknet? Heute bitte etwas davon und eine Scheibe davon, nächste Woche dann ein Stück von jenem … Genau diese Auswahl unter so vielen verschiedenen Sorten Wurst und Fleischwaren vermissen die meisten Leute, die Deutschland mal längere Zeit den Rücken zuwenden. Umso größer ist die Freude, wenn man im fremden Supermarkt etwas Vertrautes entdeckt, zum Beispiel eine Salami, die es auch im heimischen Laden immer zu kaufen gab. Ab und zu reisen ein paar Spezialitäten auch in Paketen um die Welt. Das Importieren größerer Mengen Lebensmittel und auch bestimmter Spezialitäten scheitert jedoch häufig an den gesetzlichen Bestimmungen oder ist nicht praktikabel.

Spätestens wenn sich den Weltreisenden dann in einem amerikanischen Fast-Food-Laden beim Biss in den Burger der legendäre sogenannte »Scheibenkäse« – geschmacklos, unnatürlich gelbgrau, klebrig und ob es überhaupt wirklich Käse ist, mag man bezweifeln – zwischen den Zähnen festsetzt oder wenn sie in einem Supermarkt nur noch die Wahl haben zwischen Schinken, Salami, Schinken, Salami, Schinken und Salami, dann schauen sie wehmütig in Richtung Heimat zurück und erinnern sich an den charmanten Laden ums Eck, der diese köstliche Auswahl an Wurst und Käse von hoher Qualität hatte … Tja, das sollte man sich eben vorher überlegen!

Weil hier Handwerk geehrt wird

Das Abitur ist die Eintrittskarte zum Studium an einer Hochschule, doch längst nicht alle Absolventen lösen sie in Deutschland ein: Viele entscheiden sich für eine Lehre – den direkteren Weg in die Berufswelt. Dabei besonders beliebt sind Handwerksberufe. Schuster, Schneider, Bäcker, Korbmacher oder Goldschmied: Im Handwerk kann man seine Talente entdecken und ausbauen, man kann mit den Händen arbeiten und findet vielfältige Herausforderungen und Entwicklungsmöglichkeiten.

Viele Produkte können heute industriell deutlich günstiger und schneller hergestellt werden und das hat bereits einige Handwerksberufe aussterben lassen. Doch Handwerk steht nach wie vor für Qualität, Individualität, Dienstleistung und Nachhaltigkeit. Und deshalb gibt es zum Beispiel immer noch einen Markt für maßgefertigte Schuhe oder das nach Kundenwünschen angefertigte Schmuckstück. Die Menschen sind auch neugierig darauf, wie Dinge entstehen, und schauen deshalb gern den Mitarbeitern von Manufakturen über die Schulter. In einer Welt, die immer schnelllebiger und in der so vieles achtlos weggeworfen wird, sehnt man sich wieder intensiv nach dem, was das Handwerk repräsentiert: Zeit, Sorgfalt und Detailtreue. Knapp eine Million Handwerksbetriebe gibt es in Deutschland. »Handwerk hat goldenen Boden«, sagt ein altes Sprichwort – das gilt auch im neuen Jahrtausend.

Sowohl die Produkte sind attraktiv wie auch die Berufe in dieser Branche: Im Handwerk kann man den eigenen Neigungen und Fertigkeiten entsprechend arbeiten. Man kann sich mit einem eigenen Betrieb selbstständig machen und hat vielfältige Möglichkeiten der Weiterbildung und Spezialisierung: In der Kfz- und Fahrzeugtechnikbranche beispielsweise sind Kfz-Mechatroniker, Kfz-Servicetechniker oder Kfz-Technikmeister tätig. 130 Ausbildungsberufe stehen in der Bau-, Ausbau-, Metall-, Elektro-, Holz-, Kunststoff-, Bekleidungs-, Lebensmittel- oder Gesundheitsbranche zur Auswahl. Nicht in allen Bereichen hat man die Garantie auf eine sichere berufliche Perspektive – eben weil sich die Welt heute schneller ändert und Technik viel »Manpower« unnötig macht. Aber gleichzeitig herrscht in einigen Bereichen ein drängender Fachkräftemangel, und gerade in kleineren Betrieben kann man sich selbst verwirklichen. Ja, das Handwerk in Deutschland hat goldenen Boden und bringt glänzende Ergebnisse hervor.

Weil die medizinische Versorgung eine der besten der Welt ist

18 Mal im Jahr geht der Deutsche im Durchschnitt zum Arzt – deutlich häufiger als die schniefenden und hustenden Menschen in anderen Ländern. Ein fragwürdiger Spitzenplatz. Ob diese Zahl für Gesundheitsbewusstsein, hohen Krankenstand oder Wehleidigkeit spricht, darüber kann man nur spekulieren. Vielleicht sind auch unsere Ärzte so angenehme Gesprächspartner, wir haben zu viel freie Zeit oder sind Jammerlappen und Angsthasen, die bei jedem Zipperlein denken, dass uns nun eine todbringende Krankheit heimsucht – eine gute Auswahl, die zum Symptom passt, haben wir ja schon im Internet vorrecherchiert. Den Deutschen wird ja gemeinhin ein Hang zur Hypochondrie zugeschrieben. Die Engländer haben dieser quälenden Angst vor Krankheiten, die man gar nicht hat, deshalb auch den Spitznamen »German Disease« gegeben. Aber selbst wenn es so sein sollte, dass wir zum Hypochondersein neigen, ist man doch umso mehr auf gute Diagnostik angewiesen.

Fakt ist jedenfalls, dass Deutschland eine sehr gute medizinische Versorgung zu bieten hat – eine der besten der Welt. Es gibt

hierzulande ein dichtes Netz an Krankenhäusern, Praxen nieder-
gelassener Ärzte und anderen medizinischen Einrichtungen. Rund
um die Uhr kann man darauf vertrauen, dass man im Notfall Hilfe
bekommt. So gut wie jeder Bürger ist krankenversichert und kann
diese Infrastruktur deshalb auch problemlos nutzen. Ärzte, Kran-
kenschwestern, Physiotherapeuten und Co: Vier Millionen Menschen arbeiten im Gesundheitswesen, was die Branche zum größten
Beschäftigungszweig im Land macht.

Natürlich kostet das Ganze den Staat auch viel Geld. Das Gesund-
heitssystem leidet vor allem unter zwei eigentlich sehr positiven
Eckdaten: dem steigenden Alter der Versicherten und dem rasanten
medizinischen Fortschritt. Senioren werden häufiger krank, und
die neuen Techniken und Medikamente, mit denen alle behandelt
werden, kosten eine Menge Geld. Die Politik begegnete dieser Entwicklung in erster Linie mit der Gesundheitsreform aus dem Jahre
2007, die spürbare Einschnitte forderte, unter anderem müssen seitdem mehr Medikamente aus eigener Tasche bezahlt werden. Trotzdem ist die Grundversorgung gesichert und damit sehr viel mehr
möglich als in vielen anderen Ländern, wo Gesundheit schnell zur
ausschließlichen Privatangelegenheit werden kann.

Der Deutsche geht aber offenbar vor allem mit akuten Beschwer-
den zum Arzt, denn die empfohlenen Vorsorgeuntersuchungen
werden nicht besonders pflichtbewusst wahrgenommen: Nicht mal
die Hälfte der Bevölkerung ab 35 Jahre lässt sich beim Vorsorge-
Check-up der Hausärzte sehen. Den so einfachen Test auf Blut im
Stuhl, mit dem man Darmkrebs früh erkennen kann, führt laut
der Befragung einer privaten Krankenversicherung zu dem Thema
nicht mal ein Drittel der Bürger durch. Dabei sagten 89 Prozent der
Menschen zwischen 30 und 39 Jahren, dass sie überzeugt davon
seien, dass regelmäßig durchgeführte Vorsorgeuntersuchungen die
eigene Gesundheit nachhaltig positiv beeinflussen können. Wissen,
was gut ist, und es auch umsetzen: Das sind eben auch hierzulande
zwei Paar Schuhe.

KAPITEL 9

Made in Germany

Hier wird auf Qualität geachtet

Weil die besten Autos aus Deutschland kommen

BMW, Audi, Mercedes, Porsche und Volkswagen: Den meisten Chinesen, die die Namen dieser deutschen Automarken hören, schlägt das Herz vor Aufregung höher. Sie kaufen die Autos aus dem fernen Deutschland mittlerweile sogar so gern, dass sie damit die USA als besten ausländischen Kunden abgelöst haben. Während hierzulande zunehmend besonders günstige Wagen oder umweltfreundliche kleine Flitzer gefragt sind, zeigt man in China gern, was man hat, und das unter anderem mit großen, teuren Luxuskarossen. Genau die stellen deutsche Automarken gern her – nicht nur natürlich, aber auch. Die Hersteller haben reagiert und Dependancen im Reich der Mitte gegründet. Viele Millionen Wagen werden nach deutschen Standards direkt dort produziert und ohne lange Wege an den Chinesen gebracht. Eine skurrile Situation: Hier Eurokrise und zurückhaltende Kunden, dort Expansion und steigende Absatzzahlen. Auch kaum ein Hollywoodfilm kommt noch ohne die deutsche Limousine aus, die wichtige Menschen und ihre persönlichen Dramen auf dem Rücksitz durch New York und Co. kutschiert. Die Amerikaner weisen halt ebenfalls gern darauf hin, dass sie sich den Import aus Europa leisten können.

Ob in China oder den USA: Deutsche Fabrikate sind im Ausland schwer gefragt. Es werden sogar mehr Wagen in anderen Ländern verkauft als hierzulande an die heimischen Kunden. Deutsche Qualität überzeugt eben auch beim Thema Kfz. Denn Autos »made in Germany« stehen für solide Verarbeitung, modernste Technik, hohe Zuverlässigkeit und zurückhaltende Eleganz. Und durchaus auch für die gewisse Portion Protz, die einen, wenn man sie denn mag, den höheren Preis verschmerzen lässt. Während man in den USA sehr günstig VW und Co. shoppen kann, muss man in anderen Ländern für die deutschen Wagen weit höhere Beträge zahlen, als die Händler für hiesige Kunden aufrufen – teilweise mehr als das Doppelte.

Es mag alles Klischee sein, aber tatsächlich habe ich noch in keinem Renault, Honda oder Chrysler gesessen und dieses Gefühl erlebt, das mir ein deutsches Auto gehobenerer Klasse gibt. Es ist diese Mischung aus Sicherheit, Vertrauen und Gelassenheit – und all das kann beim Autofahren nicht schaden. Wenn sich die schweren Türen ganz leichtgängig schließen und man sich auf den griffigen Polstern wiederfindet, die edlen Materialien fühlen sich gut an, man ist umschlossen wie von einer sicheren Höhle, die auf der Straße nur so dahingleitet ... Das klingt schräg, ich weiß, aber auch beim Autofahren geht es ja wohl nun oftmals um mehr, als nur schnell von A nach B zu kommen, oder?

Weil Bäcker hier das beste Brot backen

Ein saftiges Roggenbrot mit der knackigen Kruste, die dieses himmlische Krachen verursacht, wenn man mit Wonne draufbeißt, oder Schwarzbrot, bei dem man sich beim Betrachten der einzelnen Scheiben in diesem wunderschönen Muster aus geschlossenen und zerteilten Körnern verlieren kann ... Wer sich jemals aus der Ferne nach deutschem Brot verzehrt hat, kennt die verzweifelte Sehnsucht, mit der man sich herzhaftes Backwerk, etwas »Echtes« und »Uriges« und vor allem Abwechslungsreiches zwischen die Zähne wünscht.

Brot ist nämlich jenseits der deutschen Landesgrenze in der Regel weiß, labberig und lässt Nährwerte sowie vor allem Geschmack weitestgehend vermissen. Auch wenn die Franzosen ihr zweifelsohne verführerisch knackiges Baguette oder das sündige Croissant (fettig, aber so verdammt lecker, vor allem mit Nutella drauf ...) zu bieten haben und Italiener uns mit herzhaftem Ciabatta locken – deutsches Brot ist und bleibt ein sehr vielseitiger, sättigender und vor allem leckerer Knüller.

Es ist überall erhältlich und sehr unkompliziert: In eine Papiertüte verpackt hält es sich einige Tage frisch, und wem es dann doch zu wenig Biss hat, der kann es einfach und schnell im Toaster wiederbeleben. Aber man muss ihm keinesfalls von Anfang an Feuer unter dem Hintern machen, um überhaupt etwas daran zu schmecken, so wie das zum Beispiel beim Weizentoast der Fall ist. Man kann es als Klappstulle, neudeutsch Sandwich genannt, aber hier eben in der gesünderen, reichhaltigeren Ausgabe, in zigtausend Varianten belegen und leicht für unterwegs mitnehmen. Das Pausenbrot, das so gut wie jedes Kind durch die Schulzeit begleitet, ist legendär. Der Tag des Deutschen Butterbrotes, den die Marketing-Gesellschaft der deutschen Agrarwirtschaft (CMA) für einige Jahre immer am letzten Freitag im September ausrief, erinnerte aber an die gleichzeitig simpelste und beste Variante, in der ein Brot auf den Teller kommen kann: fein mit Butter bestrichen und vielleicht noch mit etwas Salz oder Schnittlauchröllchen bestreut.

Stolze 82 Kilogramm Brot verspeist ein Deutscher durchschnittlich im Jahr – das entspricht rund 700 Gramm in der Woche und damit gut zwei Scheiben pro Tag! Das Grundnahrungsmittel ist auch in Zeiten der Verteufelung von Kohlenhydraten kaum vom Tisch wegzudenken. Und das Bäckerhandwerk ist damit ein echter Wirtschaftsfaktor für Deutschland: Knapp 14.200 Meisterbetriebe mit rund 292.000 Mitarbeitern gibt es hierzulande, sie machen einen Gesamtumsatz von 13,35 Milliarden Euro jährlich. Das gemein frühe Aufstehen, das dieser Beruf dringend erfordert, und Arbeitszeiten, die mitunter sozial sehr isolieren, schrecken etwa 30.000 Lehrlinge, die das Handwerk rund um den Teig erlernen wollen, nicht von einer Ausbildung ab.

Bäcker ist ein kreativer Job: Über 300 Brotsorten wurden in den Auslagen der deutschen Bäckereien gezählt, und das ist weltweit einzigartig. Es liegt einerseits daran, dass es in Deutschland eine breite Auswahl an Getreide gibt, weil dieses hierzulande gute Anbaubedingungen vorfindet. Außerdem sorgte die deutsche Kleinstaatlichkeit dafür, dass in den einzelnen Regionen getüftelt und probiert wurde, bis viele verschiedene Brote entstanden.

Die Lieblingssorten der Deutschen: Am häufigsten wird das beliebte Mischbrot gegessen, es macht etwa ein Drittel der insgesamt gebackenen Menge aus. Mischbrot besteht aus Sauerteig oder Hefe und einer Mischung aus Weizen- und Roggenmehl. Es wird auch – sehr sexy! – Graubrot genannt, weil es leider so aussieht. Die Scheiben sind gräulich gefärbt. Es folgen das wenig nahrhafte Toastbrot mit knapp 22 Prozent Anteil am Verkauf und mit etwa 15 Prozent die als besonders gesund geltende Variante mit Körnern und Saaten. Gerade die vermissen viele Auswanderer, die in ihrer neuen Heimat teilweise sehr viel Aufwand betreiben, um ab und zu in den Genuss eines solchen Backstückes zu kommen – so, wie sie es »von zu Hause kennen«. Da werden Pakete voller Pumpernickel Tausende Kilometer weit verschickt oder deutsche Bäckereien im Ausland aufgespürt und leergekauft: alles, um den sehnsüchtigen Hunger auf ein »echtes Brot« zu stillen. Schlau ist da, wer gleich in Deutschland bleibt. Den nächsten Bäcker findet man hier immer gleich um die nächste Ecke.

83. GRUND

Weil hier Kuckucksuhren gebaut werden

So eine Uhr ist eine praktische Sache: Man kann auf ihr die Zeit ablesen, sich von ihr wecken lassen, manchmal noch das Datum oder andere Zusatzinformationen erfahren. Auch optisch macht sie etwas her: Es gibt sie in allen möglichen Variationen – zum Aufstellen, zum Ums-Handgelenk-Schnallen oder als Wanduhr.

Und bei den allercoolsten Wanduhren geht es immer zur vollen Stunde ordentlich zur Sache: Da springt die Tür eines Häuschens mit geschnitzten Verzierungen mit Schmackes auf, und es kommt ein Kuckuck rausgeschossen und kräht sein fröhliches »Kuckuck! Kuckuck!«. Manchmal tanzen noch kleine Figuren dazu oder Tiere bewegen sich. Alles völlig sinnlos, ästhetisch durchaus etwas fragwürdig, braucht kein Mensch – aber es ist lustig! Und wer hat's erfunden? Natürlich Menschen mit Humor und Talent in Sachen feinster Technik: die Deutschen!

Genauer gesagt ist es der Schwarzwald, der dieses Produkt für sich beansprucht, und das Örtchen Schönwald im »Black Forest« behauptet, dass die Kuckucksuhr im Jahr 1737 dort erfunden worden sei. Das Handwerk wird im Schwarzwald auf jeden Fall bis heute gepflegt, unter anderem von traditionellen Betrieben wie August Schwer, Anton Schneider, Rombach & Haas und Trenkle Uhren, die sich auf die Fahnen geschrieben haben, beste Qualität zu liefern. Die erkennt man zum Beispiel an dem Zertifikat, das der »Verein die Schwarzwalduhr« (VdS) an Kuckucksuhren vergibt.

Besonders Touristen aus Amerika, Indien, China oder Japan fahren auf die »Black Forest Cuckoo Clocks« ab und shoppen sie gern als Mitbringsel. Ein komisches Gefühl zwar, dass Menschen in aller Welt uns Deutsche mit gerade diesen kitschigen Uhren identifizieren, aber es gibt Schlimmeres. Einfache Modelle aus Plastik gibt es ab etwa 30 Euro zu kaufen, für gute Handarbeit muss man um die 300 Euro investieren und Luxusausführungen mit aufwendig geschnitzten Szenen, Figuren und Tieren kosten auch schon mal 3.000 Euro. Da steckt dann beinahe Hightech dahinter. Grundsätzlich funktioniert es aber ganz einfach: Die Uhr hat in der Regel ein mechanisches Pendelwerk mit Kettenzug und Schlagwerk. Der Kuckuck ist über dem Zifferblatt angehängt und wird pünktlich zur vorgesehenen Zeit durch die Tür der Uhr nach draußen »geschubst«. Das authentische Rufen des Kuckucks kommt klassischerweise aus Orgelpfeifen, manchmal auch nur aus einer Flöte.

Während die traditionellen Modelle meist doch eher in Haushalten der älteren Generation hängen, kam vor geraumer Zeit der Trend auf, knallig-bunte Plastikvarianten in WGs und bei anderen Menschen unter 60 aufzuhängen. Am liebsten neben einem Hirschgeweih, gern ebenfalls aus Plastik. Diese ironische Interpretation schwächte das Image der Kuckucksuhr jedoch keineswegs, es verstärkte den Kult darum sogar. Die Kuckucksuhr lebt, lang lebe die Kuckucksuhr!

84. GRUND

Weil die deutsche Küche so ehrlich ist

Eine saftige, knackige, deftige Bratwurst, frisch vom Grill und mit den typischen braunen Röststreifen. Ein weicher Knödel, so elastisch und gleichzeitig fest, mit diesem knackigen Kern aus geröstetem Brot – in meiner Kindheit hieß das bei uns zu Hause immer »mit Überraschung«, und ich fand, das Brot war fast das Beste an der Kartoffelkugel. Knackiges Sauerkraut, nicht zu sauer, aber sauer genug und mit genau der richtigen Menge Kümmel. Die deutsche Küche ist einfach gut. Sie ist geradeheraus, ehrlich und macht keine Kompromisse.

Während die Chinesen mit so komischem Zeug wie diesen immer leicht gammlig wirkenden Algenblättern und durchsichtigem Reispapier (Seit wann ist Papier zum Essen da?) rumwurschteln, wird bei uns höchstens um ein Stück Speck noch eine ordentliche Schicht Rindfleisch gewickelt und man hat eine köstliche Roulade! Wenn die Italiener aus Mehl und Wasser erst Teig machen und den dann immer dünner walzen, um kleine Päckchen mit Füllung daraus zu basteln, kommt bei uns die Kartoffel aus der Erde direkt auf den Herd und mit ein bisschen Butter auf den Teller – einfach und gut. Die Amerikaner meinen, dass man Hackfleisch erst braten und dann mit Käse, Zwiebeln, Tomatensoße, geschmacklosen Brötchen und Co. zu waghalsigen Türmen stapeln muss, nach deren Genuss man immer aussieht, als hätte man selbst kurz im Bratfett mitgebadet, und sich dann auch so fühlt. Bei uns gibt es da lieber ein simples, aber umso überzeugenderes Butterbrot. Oder ein gutes Stück Fleisch darf – klassischerweise sonntags – das Vergnügen erleben, in deftiger Soße ganz in Ruhe zart zu schmoren. In Deutschland dürfen Lebensmittel noch Lebensmittel sein, und man erkennt sie auch wieder, wenn sie einmal durch die Küche gegangen sind und schlussendlich auf dem Teller landen.

Über Kalorien, Cholesterinspiegel und derlei unwichtige Details sollte man am Tisch zwar eher kein Gespräch anfangen, wenn gerade eine stattliche Portion Eisbein mit Sauerkraut verspeist wird, aber Burger, Coq au Vin und Pizza sind ja nun auch alles andere als leichte Schlankmacher. Die klassische deutsche Küche steht für Völlerei. Gleichzeitig gibt es natürlich neue Interpretationen von jungen Köchen, die leichter daherkommen und das Ganze nur umso spannender machen.

Richtig gefeiert werden die deftigen Leckereien zum Beispiel in Bayern: Bei einem Besuch in München sollte man sich nicht davor scheuen, das touristisch überlaufene, aber gleichzeitig von Einheimischen ebenso gern und häufig frequentierte Hofbräuhaus zu besuchen und sich ein Hendl (Brathähnchen) oder einen Leberkas (Leberkäse) servieren zu lassen. Hier wird geschmaust, gefeiert und gesungen, man sitzt auf langen Holzbänken neben Fremden aus der ganzen Welt und alle sind selig. Mit einem oder zwei kühlen Bier kann man die massigen Portionen, die man von den Tellern spachtelt, herunterspülen, bevor man – voll bis oben hin, satt und zufrieden – glückselig nach draußen taumelt. Das ist Essen!

Weil Verwaltung Sinn macht

Ich hasse Momente wie diesen, jeder hasst sie: Vor fünf Wochen habe ich im Internet einen Termin beim Einwohnermeldeamt ausgemacht. Ich bin umgezogen und muss mich ummelden. Schon allein das nervt. Warum muss man persönlich dort vorsprechen, nur um zu sagen, dass man jetzt eine neue Adresse hat? Aber gut, ich war ja schlau. Ich habe rechtzeitig diesen Termin ausgemacht und deshalb muss ich mich jetzt nicht bei den etwa 80 Leuten einreihen, die das versäumt haben und auf gut Glück zu den normalen Sprechzeiten zum Amt gekommen sind.Doch dann fällt mir auf, dass auf den Bildschirmen in diesem grauen, tristen Flur entweder die zweistelligen Nummern aufgerufen werden, die man sich am Automaten auf kleinen Zetteln ziehen kann, oder sechsstellige Nummern, deren Quelle mir im ersten Moment unklar ist – nur eben keine Namen. Das habe ich aber erwartet: dass ich hier mit Namen aufgerufen werde. Ich erinnere mich nur ganz dunkel, dass ich eine E-Mail-Bestätigung meines Termins bekommen habe. Stand da vielleicht so eine Nummer drin? Hektisch rufe ich über mein Handy mein Mailprogramm auf. Die Uhr zeigt 15:12 Uhr und mein Termin ist für 15:15 Uhr angesetzt. Ich bin nervös, denn ich kann die Mail nicht finden, offenbar ist der Betreff nicht gerade intuitiv gewählt. »Termin« als Suchbegriff bringt nichts beziehungsweise viel zu viele Nachrichten, »Bezirksamt« auch nicht – verdammt! Ich könnte mich einfach durch alle Mails durchscrollen, aber das würde nichts bringen, denn es ist schließlich fünf Wochen her. Selbst wenn ich mich ungefähr daran erinnern könnte, wann genau ich den Termin ausgemacht und die Bestätigung bekommen habe, würde es trotzdem zu lange dauern, die verdammte Nachricht zu finden.

Ich werde zum Infoschalter gehen, dazu ist der schließlich da. Leider warten dort fünf Leute vor mir. Ich stelle mich brav an, und als ich endlich dran bin, ist es schon 15:22 Uhr. Der Mann hinter dem Tresen versucht, meinen Namen zu finden, sagt aber, dass die Daten nicht mehr im Rechner seien, weil die immer nur etwa fünf Minuten lang nach dem Termin sichtbar seien. Was ist das bitte für ein Computerprogramm, das solche Infos nach nur fünf Minuten löscht? Ich setze ein verzweifeltes Gesicht auf, erzähle von fünf Wochen Vorlaufzeit und dass ich ja pünktlich war, aber die Schlange vor dem Schalter zu lang und ich nicht wusste, dass man diese Nummer braucht … Er ist zum Glück nett, ruft eine Kollegin an, die offenbar an einem Schalter sitzt, an dem »Problemfälle« eine zweite Chance bekommen, und in diesem Moment lasse ich mich gern zu so einem »Problemfall« erklären. Nach nur fünf Minuten ist die Sache erledigt. Ich kann mit einem neuen Adressaufkleber auf meinem Ausweis nach Hause gehen – Glück gehabt!

Es ist immer wieder ätzend, wenn man mit dem berühmten deutschen »Amtsschimmel« in Kontakt kommt: seitenweise Formulare, undurchschaubare Anträge und bescheuerte Fragen, die man nicht versteht. Die Verwaltung ist für die Bürger oft ziemlich nervig und anstrengend. Auch wenn man gar nicht so häufig auf irgendwelchen Ämterfluren wartet, fühlt sich jede Minute Warten dort zu lang an. Und den Angestellten dieser Institutionen eilt auch ein ausgesprochen mieser Ruf voraus. Die angeblich durchweg so unfreundlichen, schlecht gelaunten Paragrafenreiter kriegen den ganzen Unmut der ungeduldigen Bürger ab, die nicht verstehen wollen, dass Verwaltung und Bürokratie Sinn machen und wichtig sind.

Äh, warum eigentlich noch mal? Weil sie strukturiert und den geltenden Vorschriften entsprechend viele wichtige Abläufe im Staat lenken – und das im Hintergrund, ohne dass wir viel davon mitbekommen und eigentlich ja auch nicht viel dafür tun müssen. Nicht zu verachten ist auch: Wir können in Deutschland in aller Regel davon ausgehen, dass ein Antrag, den wir stellen, auch bearbeitet wird und unsere Belange damit Beachtung finden. Das ist alles andere als selbstverständlich, in vielen fremden Ländern sogar undenkbar. Außerdem sorgt »dieses Spießersystem« unter anderem dafür, dass Kriminalität bekämpft wird, dass wir später einmal eine Rente bekommen oder dass Steuergelder richtig eingesetzt werden können.

Das nächste Mal mache ich auch wieder einen Termin aus, lese aber die Bestätigungsmail gründlich durch und speichere mir die Nummer meiner Anmeldung einfach mit dem Termin im Kalender meines Handys ab. So schwer ist das ja nicht und ein bisschen mitdenken kann man schon.

Weil wir gutes Bier brauen

Hopfen, Malz, Hefe und Wasser – mehr braucht es nicht für das Legende gewordene Getränk: deutsches Bier. In vielen Ländern der Welt kennt und schätzt man das gelbe Gebräu mit der sanften Schaumkrone und denkt bei dem Genuss vielleicht auch das ein oder andere Mal an das ferne Deutschland.

Dieses Getränk entspricht dem Klischee vom perfektionistischen Deutschen, der höchste Qualität anstrebt: Dass Bier eben nur aus den oben genannten vier Zutaten bestehen darf, wurde im deutschen Reinheitsgebot festgeschrieben, mit dem viele Hersteller stolz werben. Am 23. April 1516 wurde eine neue Landesordnung für das Herzogtum Bayern erlassen. Eine Passage daraus gilt als Grundlage des Reinheitsgebots, auch wenn die Tradition länger zurückgehen soll. Am 23. April wird aber seit Mitte der 1990er-Jahre der »Tag des Deutschen Bieres« gefeiert, um an das einzigartige Gebot zu erinnern und mit der Qualität hiesiger Brauereikunst zu protzen.

Auch mit einer so simplen Zutatenliste kann man eine Menge zaubern: Je nachdem wie sie zusammengesetzt und wie das Bier gebraut wird, entsteht Pils (untergärig gebraut, bitter, 4 bis 5,2 Prozent Alkohol), der absolute Bestseller, oder auch Weizenbier (obergärig, 5 bis 5,6 Prozent Alkohol, fruchtig und würzig, gefiltert als Kristallweizen, ungefiltert als Hefeweizen besonders in Süddeutschland beliebt), Helles (untergärig, malzbetont), Starkbier (höherer Stammwürze- und Alkoholgehalt), Export (auch Premium genannt, untergäriges Vollbier, etwa 5 Prozent Alkohol), Kölsch (darf nur in Köln gebraut werden, obergärig, 4,8 Prozent Alkohol), Altbier (obergärig, 4,8 Prozent Alkohol, dunkel und bitter) oder Schwarzbier (untergärig, vollmundig, 4,8 bis 5 Prozent Alkohol).

Die Geschichte des Getränks ist etwa 1.300 Jahre alt: Im achten Jahrhundert muss das Bier geboren worden sein. Seitdem hat es Karriere gemacht und wird längst nicht mehr nur in Wirtshäusern getrunken, sondern bei so gut wie jeder Gelegenheit. Neben den großen Massenbrauereien (Top 3: Oettinger, Krombacher, Bitburger) üben auch viele kleine Betriebe das Handwerk des Bierbrauens aus.

Für die meisten klassischen Bierbrauer wahrscheinlich ein Grauen: Viele Hersteller mischen Bier mit fragwürdigen Zutaten wie Kaktusfeigen- oder Grapefruitsaft – die Ergebnisse sind auch als »Spaßbier« verschrien, bei dem man durch den süßen Geschmack nur noch wenig vom Bier hat. Gerade das wissen wiederum viele Kunden zu schätzen. Und das Zufügen von anderen Flüssigkeiten zum Bier hat auch länger Tradition, schon 1897 soll ein Münchner Wirt Bier mit Zitronenlimonade gemischt und damit das Radler erfunden haben. Auch wenn viele traditionelle Biertrinker solche »Experimente« nach wie vor meiden, wissen Fans dieser Getränke unter anderem zu schätzen, dass sie durch den geringeren Alkoholgehalt der Biermixe mehr von dem Durstlöscher trinken können, ohne dass dieser allzu sehr in den Kopf schießt.

Weil man sich hier fühlen kann wie ein König oder eine Prinzessin

Große Schlachten, nervenaufreibendes Lanzenstechen oder opulente Hochzeiten mit glücklichen Prinzenpaaren: Was Kinder gern mit Plastikfiguren nachspielen, gab es in Deutschland vor ein paar Hundert Jahren alles live. Ritter, Könige, Knechte und Mägde – was man heute nur noch aus Büchern und Filmen kennt, war hier unterwegs und lebte in Burgen und Schlössern. In Deutschland gibt es deshalb mehr als 15.000 Stück dieser Bauwerke. Zu verdanken haben wir das der Vielstaaterei des Mittelalters, als das Land in Hunderte Kleinstaaten und Fürstentümer zersplittert war.

Hinter dicken Mauern oder prächtigen Toren warten da dunkle Kerker oder spiegelblanke Marmorböden auf Besucher. Mich fasziniert an den Bauwerken vor allem, dass sie oftmals so wirken, als seien sie gestern noch bewohnt gewesen. Wenn man da mit einer Besuchergruppe durch die Räume geführt wird, vorbei an den jahrhundertealten Stühlen, Tischen und Betten, dann sieht man vor seinem inneren Auge, wie sie da gesessen haben müssen, wie dort ein König seine Bediensteten herumkommandierte oder da in der Küche die frisch geschlachteten Hühner gegart wurden. Wenn man durch diese Gänge schreitet, fühlt man sich schon mal selbst wie ein König oder eine Prinzessin.

Burgen sind in der Regel recht düster, was sie jedoch gerade spannend macht. Es gibt ganz viele, die einfach so in der Gegend herumstehen, und man kann ohne Eintritt zu bezahlen hineinspazieren. Dann entdeckt man reichlich dunkle Ecken, die so manche Geschichte erzählen. Schlösser brauchen oft etwas mehr Pflege und sind deshalb eher »offizieller«: Dort sind Museen eingerichtet oder es finden Konzerte und andere Kulturveranstaltungen statt. Die Gebäude werden aufwendig gepflegt und erhalten. In Potsdams Sanssouci muss man als Besucher große Filzpantoffeln über die

Schuhe ziehen, um den Boden nicht zu zerkratzen. Als Kind war ich einmal dort und habe es geliebt, mit den glatten Sohlen dort herumzugleiten wie auf einer Eisbahn im Winter. Wie haben das die echten Bewohner gemacht?

Das bekannteste Schloss Deutschlands ist Neuschwanstein in Bayern. Etwa 1,3 Millionen Touristen wollen das »Märchenschloss« jedes Jahr sehen. Ludwig II., der bayrische König, ließ es sich nach dem Vorbild einer mittelalterlichen Ritterburg bauen. Dabei wurde unter anderem ein Spiegelsaal eingerichtet, der noch gewaltiger ist als der in Versailles. Leider bewohnte der Schlossherr es nur kurz – bevor er starb und Neuschwanstein überhaupt vollendet wurde.

Weitere beeindruckende Schlösser sind beispielsweise die Burg Hohenzollern und Schloss Ludwigsburg in Baden-Württemberg, Schloss Wernigerode in Sachsen-Anhalt oder Sachsens Moritzburg und Schloss Pillnitz in Dresden. Ein Besuch ist touristisches Pflicht-programm – Pflichtprogramm mit der Lizenz zum Träumen …

88. GRUND

Weil Werbung auch mal blond sein und Heidi heißen darf

Sie ist ekelhaft erfolgreich, sieht nun mal richtig gut aus und ist so chronisch gut gelaunt, dass es beim Zugucken schnell mal wehtun kann: Heidi Klum ist ein Phänomen. Sie wird geliebt und gehasst, sie spaltet nicht nur Deutschland, sondern man könnte fast sagen – die Welt. Denn bekannt ist sie allemal fast überall. In ihrer Wahl-heimat USA gibt sie mit ihrem blonden Haar, dem Namen Heidi oder auch mal mit einem frechen Jodel-Auftritt in einer Talkshow die selbst ernannte Deutschland-Botschafterin. Darüber mag man sich aufregen, aber wirklich schlimm ist es nicht. Hier folgen ein paar handfeste Argumente, die eindeutig für den deutschen Model-export sprechen:

Heidi Klum hat aus sich selbst eine Marke gemacht, die mit Moderatorenjobs und Werbedeals extrem erfolgreich ist – die Firmen kriegen einfach nicht genug von ihrem Gesicht. *Germany's next Topmodel* und *Project Runway*, kleine Rollen in Filmen und Serien, Kampagnen für Katjes, McDonald's, Drei Wetter Taft … Es läuft seit Jahren Bombe für Heidi. Sie hat den Absprung aus dem Modelbusiness geschafft, ist längst kein reines Mannequin mehr, sondern ein Ein-Frau-Medienunternehmen, das seine eigene Person perfekt vermarktet. Man kann gegen sie sagen, was man will, aber kein anderes Model hat das so konsequent und erfolgreich durchgezogen.

Auch das Alter ist kein Thema für sie, obwohl sie Model ist: Heidi Klum hat ihren 40. Geburtstag bereits hinter sich gelassen und sieht immer noch fabelhaft aus. Sie mag genug Geld für Nannys und Babysitter haben, aber trotzdem sitzt sie oft genug mit ihren Kindern am Abendbrottisch. Familie ist einer ihrer wichtigsten Werte. Ihr straighter Vater und Manager Günther Klum mag so manchem Geschäftspartner auf die Nerven gehen und Mutter Erna müsste ja vielleicht auch nicht immer überall mit dabei sein, aber die Familie Klum zeigt, wie echter Zusammenhalt aussieht.

Heidis Männergeschmack ist vielleicht nicht so doll: An ihrer Seite weilten unter anderem ein Friseur, ein Formel-1-Macho, äh … Formel-1-Manager und ein Schmusesänger mit schwierigem Charakter. Letzteren, Seal, präsentierte sie jahrelang als »the big love« und dann kam 2012 die plötzliche Scheidung: Komisch, aber Beziehungen sind eben manchmal kompliziert. Und dass sie in diesem Bereich nicht alles im Griff hat, macht sie doch auch wieder sympathisch.

Frau Klum hat vier Kinder bekommen und trotzdem ihre Karriere konsequent weiterverfolgt. Wahrscheinlich muss sie dank diverser Hausangestellter zu Hause auch kein Staubkorn vom Bücherregal wischen, aber trotzdem verfolgt sie ihre Ziele offenbar doch ein wenig ernster als die meisten Mitmenschen. Deswegen wird sie oft als verbissen und biestig bezeichnet – man kann es aber auch ehrgeizig und diszipliniert nennen. Disziplin macht manchmal keinen Spaß, zum Beispiel beim Essen. Dass sie ihren superschlanken Topmodel-Kandidatinnen sagt, dass diese zu »moppelig« seien, wird ihr oft übel genommen, dabei predigt sie nichts anderes als gesunde Ernährung. Und wer heute ernsthaft anstrebt, als Model zu arbeiten, der sollte schon mal davon gehört haben, dass da weniger nette Mädchen gefragt sind als vor allem dürre. Die Sendung *Germany's next Topmodel* läuft seit Jahren im deutschen Fernsehen, und wenn man beobachtet, wie intensiv die Sendung in Kantinen, Friseursalons und an Cafétischen diskutiert wird, kann sie nicht ganz unspannend sein – auch bei der achten Staffel schauten immerhin noch 2,65 Millionen Leute zu.

Heidi Klum ist so etwas wie die Ursula von der Leyen unter den mehr oder weniger prominenten Gesichtern, die die Klatschspalten dieser Welt füllen: Sie hat viele Kinder, stets gut geföhntes Haar, so gut wie immer beste Laune und ein breites Lächeln auf dem Gesicht, ist genauso knallhart in der Sache wie konsequent freundlich im Zwischenmenschlichen. Damit macht man sich nicht viele Freunde, aber man kann auf diesem Weg Erfolg haben und der gibt einem recht.

Weil Deutschland Exportweltmeister ist

Stahl, Werkzeugmaschinen, Autos, Nahrungsmittel, Büromaschinen oder Medizintechnik: Deutschland verkauft so viele Güter in die ganze Welt wie kaum ein anderer Staat der Erde. Das Land überzeugt mit innovativen, wettbewerbsfähigen und qualitativ hochwertigen Produkten. Seit dem Jahr 2000 liegt die durchschnittliche Exportquote bei etwa 35 Prozent. Bis vor einigen Jahren konnte sich Deutschland sogar stolz Exportweltmeister nennen – bis es von

China und den USA vom ersten Platz verdrängt wurde. Doch nach wie vor ist der Export einer der wichtigsten Wirtschaftsfaktoren des Landes. 1.097.400.000.000 – 1.097,4 Milliarden Euro: Diese gigantische Summe setzte der deutsche Export im Jahr 2012 um, was einen Bilanzüberschuss von rund 188 Milliarden Euro bedeutete.

Und wer handelt mit Deutschland? Vor allem Frankreich, die USA, Großbritannien oder China. Eingekauft werden müssen in erster Linie Erdgas und Erdöl. Vieles wird innerhalb derselben Industrie gekauft und verkauft, Deutschland tritt jedoch deutlich stärker als Exporteur auf denn als Importeur. Jeder vierte Arbeitsplatz soll hierzulande direkt oder indirekt von den Handelsaktivitäten mit anderen Ländern abhängig sein.

China und Amerika gelten als die stärksten Konkurrenten: Deutschland tanzt hier also auf globalem Parkett um die Spitzenposition und das bedeutet immense Herausforderungen. Wer viel und dauerhaft verkaufen will, muss attraktive Produkte von konstant hoher Qualität anbieten. Er muss an Innovationen arbeiten und immer wieder technischen Fortschritt beweisen. Deutschland gelingt das – und vielleicht holt es sich den Weltmeistertitel ja auch wieder zurück!

90. GRUND

Weil der deutsche TÜV auf der ganzen Welt Qualität erkennt

Wie wohl 95 Prozent der deutschen Autobesitzer hasse ich es, wenn es wieder an der Zeit ist, dass der Wagen zum TÜV muss – alle zwei Jahre nämlich. Ich habe ein Auto jener Sorte, für die man ein großes Herz braucht – ich sage nur: Baujahr 1989 … Und während mein eigenes sehr laut für diesen Wagen schlägt, haben TÜV-Mitarbeiter nicht ganz zu Unrecht den Ruf, ein besonders kleines und besonders kaltes Herz in der Brust zu tragen und Autos wirklich nur nach völlig weltfremden Listen mit überpeniblen Kriterien zu beurteilen, statt einmal ganz genau hinzuschauen und die Seele zu erkennen, die sich unter so einer Motorhaube verbergen kann. Sie müssen mich verstehen, es ist ein wirklich schönes Baujahr 89.

Bekanntlich hat ja aber jede Medaille zwei Seiten. Dass der Deutsche es mit Verordnungen und Bestimmungen gern schrecklich genau nimmt, wird oft verachtet bis belächelt. Der deutsche TÜV spielt aber genau das als Stärke aus – und zwar international. Der »Technische Überwachungsverein« mit den Niederlassungen TÜV Rheinland, TÜV Süd und TÜV Nord sowie mit der Dekra prüft längst nicht mehr nur Autos, die hier fahren, oder Waren, die in Deutschlands Geschäften verkauft werden sollen. Auf den Auftragslisten stehen auch Produkte wie indische Textilien, chinesisches Spielzeug, schwedische Windräder oder portugiesische Solaranlagen. Es werden in vielen Ländern Prüfer ausgebildet, die vor Ort genau überwachen, dass alles mit rechten Dingen zugeht. So kam es beispielsweise, dass Marokko die Unterstützung des TÜVs erbat, als dort ein System zur zuverlässigen Prüfung von Autos eingeführt werden sollte. Bis dahin war es eher so, dass die Stempel meist gegen Bares in irgendwelchen Hinterzimmern in die Papiere kamen.

Entstanden ist der TÜV aus einer Initiative von Dampfkesselbetrieben, die ihre eigenen Produktionsanlagen überwachen wollten. Der Rheinische Dampfkessel-Überwachungsverein (DÜV) Köln-Düsseldorf übernahm dann bald auch die Inspektionen von Kraftfahrzeugen und die Führerscheinprüfungen. 1936 wurde der DÜV umbenannt in TÜV: Technischer Überwachungsverein. 1970 errichtete der TÜV Rheinland die erste Auslandsniederlassung in Japan. Dort vergab er Zertifikate an Bauteile, die für Kernkraftwerke in Deutschland bestimmt waren. Heute sind der TÜV sowie die Dekra weltweit operierende Institutionen mit viel Einfluss und einer großen Zahl von Einsätzen im Ausland.

Die Globalisierung treibt das Geschäft an: Wir wollen beim Discounter billige Haushaltswaren aus China kaufen, aber sie sollen dann uns zu Hause natürlich bitte nicht um die Ohren fliegen oder in Brand geraten. Das passiert auch nicht, weil der TÜV die Produkte oft schon in dem Land prüft, in dem sie hergestellt werden. Und damit sind die Hersteller dort auch gezwungen, Dinge zu produzieren, die den Prüfungen standhalten, sonst bekommen sie die später schließlich nicht in Deutschland verkauft. Und wenn deutsche Firmen Dependancen in anderen Ländern eröffnen, wollen sie sichergehen, dass sie von ihren Zulieferern gute Qualität bekommen – und fragen den TÜV, wem sie vertrauen können und wem nicht. Oftmals haben die Prüfer dann mit Startschwierigkeiten zu kämpfen. Doch sie haben ein strenges Auge auf alles und setzen sich durch. Und man weiß es mehr und mehr zu schätzen, weil klar wird, dass geprüfte Qualität Sicherheit für den Verbraucher bringt und damit Vertrauen. Und wenn jemand ein Produkt in viele Länder verkaufen will, dann hilft der TÜV dabei, die Vorschriften einzuhalten – was dem Verkäufer wiederum Umsatz und Erfolg beschert.

KAPITEL 10

Medien und Film

Hinhören und hinsehen

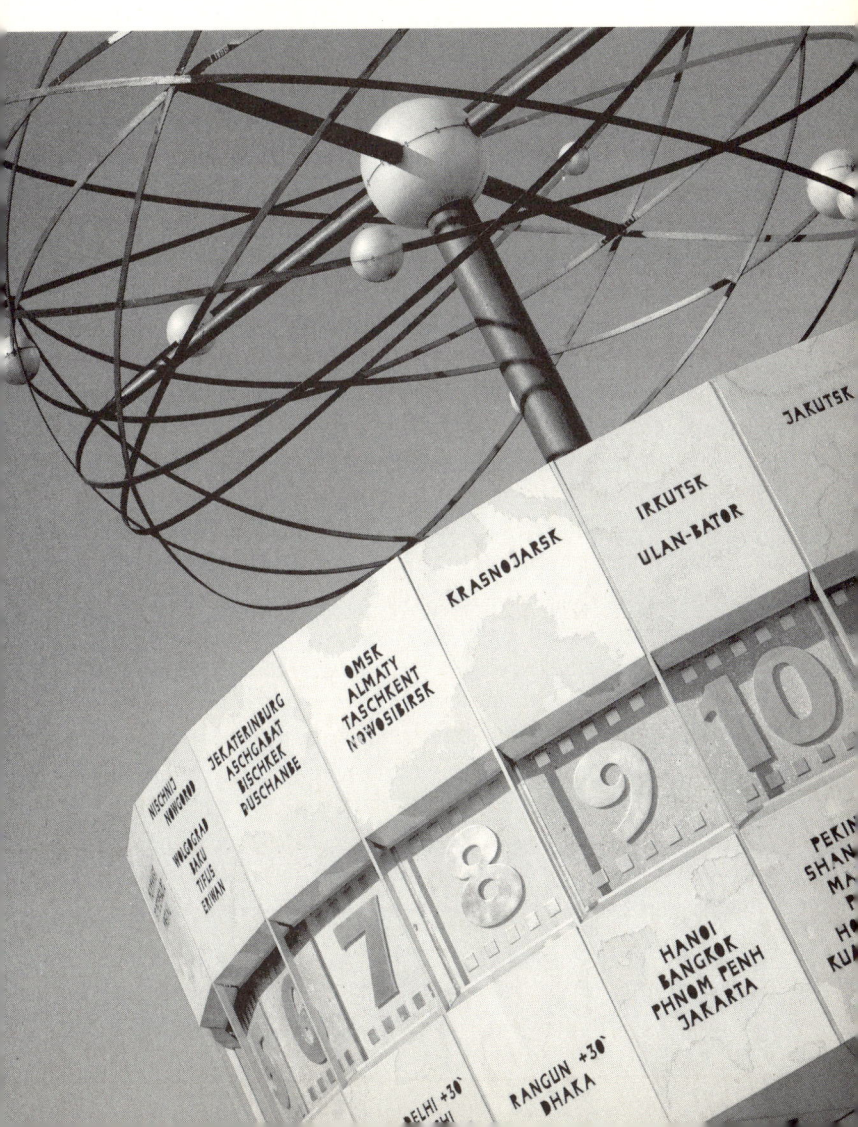

Weil nicht immer Til Schweiger mitspielt

Til Schweiger ist objektiv betrachtet ein attraktiver, sehr erfolgreicher Mann, der es regelmäßig schafft, mit seinen Filmproduktionen beachtliche Mengen von Zuschauern in die Kinos zu locken. Trotzdem kann ihn scheinbar kaum jemand leiden. Die Kinokritiker verlachen seine Filme als belanglose Schmonzetten, das Publikum besucht seine Streifen fleißig, aber nicht ohne zu betonen, dass die ja »nur so kitschiger, belangloser Kram« seien – der aber großen Spaß macht.

Von den inoffiziellen und offiziellen Listen der sexysten Deutschen ist Til Schweiger schon vor längerer Zeit gestrichen worden, da hat ihm die Konkurrenz den Rang abgelaufen. Auch privat ist nicht immer alles bestens gelaufen: Durch die Trennung von seiner Exfrau Dana ist schon vor Jahren der Traum von der heilen Familie mit vier gemeinsamen Kinder – Valentin, Luna, Lilli und Emma – geplatzt. Dieser Mann hat es nicht leicht!

Über diesen Schmerz hilft ihm aber wahrscheinlich ein Blick auf seinen Kontoauszug leicht hinweg. *Keinohrhasen* beispielsweise war monetär gesehen sicher ein Geniestreich: Fast 6,3 Millionen Zuschauer strömten in die deutschen Kinos, um sich die romantische Komödie anzuschauen, in der Boulevardreporter Ludo (Til Schweiger) nach einem etwas gewagten Arbeitseinsatz zu 300 Sozialstunden in einem Kinderhort verurteilt wird und dort auf die eigensinnige Kindergärtnerin Anna (Nora Tschirner) trifft. Gemeinsam mit den Kindern der Einrichtung, darunter seine Tochter Emma als »Cheyenne-Blue«, bastelt Ludo Hasen ohne Ohren – daher der Filmtitel. Anna kennt Ludo aus Kindertagen, da hat er sich immer ordentlich über sie lustig gemacht. Jetzt sieht sie die Chance, ihm mit fiesen Aufgaben eine reinzuwürgen. Ludo muss sich zusammenreißen, sonst ist seine Bewährung in Gefahr. Schweiger beweist sich hier wieder in seiner Paraderolle des einsamen sexy Wolfes und Frauenhelden. Natürlich erliegt auch Anna dem Charme des Raubeins – aber bis die beiden zusammenfinden, muss noch einiges passieren.

Auf *Keinohrhasen* folgte die ebenfalls sehr erfolgreiche Fortsetzung *Zweiohrküken*, und Schweiger bewies einmal mehr, dass er ein untrügliches Gespür für den Geschmack des Publikums hat, das sich von leichtgängig erzählten, witzigen und mit liebenswerten Figuren ausgestatteten Geschichten gern unterhalten lässt. Und dabei macht Schweiger noch fast alles selbst, tritt häufig als Produzent und Drehbuchschreiber auf, führt Regie und spielt natürlich auch noch selbst mit – klar, ein echter Kerl behält die Zügel in der Hand.

Manchmal ist er dann allerdings etwas ungeschickt, benimmt sich wie ein kleiner Junge und macht sich damit Feinde. Weil die Filmpresse seine Filme nicht immer ganz wohlwollend rezensiert hatte, zeigt er sie den Journalisten einfach nicht mehr vorab. Und größenwahnsinnig präsentierte er sich beim Thema Deutscher Filmpreis: Als *Keinohrhasen* dort im Jahr 2008 leer ausging, ja nicht einmal nominiert wurde, trat Schweiger eingeschnappt aus der Filmakademie aus, deren Mitglieder die Nominierungen auswählen. Es soll Trouble mit den Fristen gegeben haben, aber für Schweiger war hier klar, dass er mit Absicht vergessen wurde. Also wollte er trotzig einen eigenen Filmpreis auf die Beine stellen. Bis heute ist daraus nichts geworden.

Nun kann man darüber streiten, ob die Welt seine Filme braucht oder doch eher den 231. Dokumentarfilm über chinesische Zwangsarbeiter. Man kann jedoch feststellen: Beides hat seine Berechtigung und Til Schweiger bereichert ohne Frage die deutsche Kinolandschaft.

Weil der deutsche Film immer besser wird

Spätestens als im Jahr 2007 der Auslands-Oscar an Florian Henckel von Donnersmarcks *Das Leben der Anderen* ging, einen Film über die Stasi-Überwachung in der DDR, da wurden auch die härtesten Kritiker und Skeptiker ein bisschen kleinlaut und gaben zu, dass die deutsche Filmbranche ihre Sache vielleicht doch ganz gut macht. Der deutsche Kulturjournalist zweifelt nämlich genau das gern mal an: Deutsche Filme galten lange Zeit als langweilig, uninspiriert und niveaulos. Solche Pauschalurteile treffen selten wirklich zu. Der deutsche Film hat sich jedoch in den vergangenen Jahren wirklich von diesen Vorurteilen emanzipiert.

Für Qualität in Kino und TV sorgen Menschen wie der Produzent Oliver Berben, Sohn der ebenfalls zu Recht sehr erfolgreichen deutschen Schauspielerin Iris Berben. Gegenüber der Wochenzeitung *DIE ZEIT* hat er einmal gesagt: »Ich finde den deutschen Film heute den besten, den es je gab. […] Von einem Christian Petzold und der Berliner Schule über eine Constantin-Produktion wie *Die Päpstin* bis zu den Komödien eines Til Schweiger und eines Leander Haußmann: Nie zuvor war das Spektrum so breit.«[24] Berben ist Geschäftsführer der Constantin Film AG in München, die von Bernd Eichinger aufgebaut wurde und Filme wie *Das Parfum* in die Kinos brachte. Er hat in einem Alter von knapp über 40 Jahren bereits um die 100 Produktionen zu verantworten, unter anderem die Krimiserie *Rosa Roth* im Fernsehen oder *Türkisch für Anfänger* im Kino – die Filmadaption der Erfolgsserie über eine Patchwork-Familie. Außerdem sicherte er sich die Rechte an der Verfilmung des Ekel-Mega-Erfolgs *Schoßgebete* von Charlotte Roche.

Einen Film zu drehen kostet sehr viel Geld. Damit am Ende nicht nur das ins Kino kommt, was mit hoher Sicherheit kommerziell sehr erfolgreich ist (sprich: der böse Mainstream!), gelangen auch

»abseitigere« Produktionen in den Genuss der deutschen Filmförderung. Guten Film »made in Germany« zeichnet jedes Jahr der Deutsche Filmpreis aus. Er ist mit etwa drei Millionen Euro dotiert – so viel wie kein anderer deutscher Preis für Kultur – und wird in 19 Kategorien verliehen. Auch das spricht für die Vielfalt und die Bedeutung, die dem Medium zugesprochen werden. Letztlich zählt aber nur eins: der entspannte, aufgewühlte oder amüsierte Gesichtsausdruck der Kinobesucher, wenn sie aus dem Saal kommen. Und den lösen deutsche Filme reihenweise aus.

Auch im Fernsehen ist vieles gut anzusehen, vom *Tatort* über zahlreiche Mehrteiler, die sich historischen Stoffen genauso widmen wie aktuellen Gesellschaftsthemen. Auch wenn nicht jedes Ermittlerteam und jedes Skript der Kritik standhalten: Deutsches Fernsehen kann richtig gut unterhalten.

93. GRUND

Weil ein Filmfestival hier sogar im Winter ein Erlebnis ist

Immer im Februar ist Berlin von Menschen aus aller Welt bevölkert, die eine Tasche mit einem aufgedruckten Bären über der Schulter tragen und fröstelnd von Kino zu Kino schlittern. Die Berlinale ist das Filmfestival, bei dem man sich warm anziehen muss. Während man im Frühling oder Sommer in Cannes oder Venedig neben guten Filmen auch Sonne und südländisches Flair tanken kann, zeigt sich die deutsche Hauptstadt zur Berlinale oft von seiner rausten Seite – mit Schnee, Eis, Regen oder schlicht bitterer Kälte. Das hält Tausende Zuschauer jedoch nicht davon ab, auch hier den Film zu feiern. Und die Stars flanieren trotzdem tapfer in eleganten Kleidchen und offenen Schühchen über die roten Teppiche.

Schampus auf der Terrasse mit Blick aufs Meer oder kitschige Gondelfahrten, das mag bei anderen Festivals zum Rahmenprogramm gehören, aber das haben wir doch hier alles nicht nötig. Die Berlinale überzeugt mit einem guten Programm und einer international hochrangig besetzten Jury. Das Festival gibt dem cineastischen Nachwuchs eine Chance und fördert den deutschen Film. Und es ist offen für das Publikum: Für viele Vorstellungen kann jeder Tickets kaufen – wenn er schnell genug ist oder die langen Schlangen an den Kassen nicht scheut. Festivalchef Dieter Kosslick gilt als kluger Kopf mit strategischem Verstand. Er gibt der Berlinale immer wieder neue Impulse, macht mal eine Doku über die Stones zum Eröffnungsfilm und holt sie damit zum Festival oder erfindet das »Kulinarische Kino«, wo passend zum Film gespeist wird.

Wer Filme machen will, der braucht viel Geld, um sie umzusetzen. Mit einem Budget von 400.000 Euro jährlich setzt sich der World Cinema Fund gemeinsam unter anderem mit der Kulturstiftung des Bundes für kulturelle Vielfalt auf Deutschlands Leinwänden ein und für die Kino-Förderung in Regionen, die infrastrukturell diesbezüglich schwach aufgestellt sind. Manche Filme könnten ohne die Unterstützung nicht entstehen – der »Fund« macht sie möglich.

Darüber hinaus ist das Festival auch ein wichtiger Marktplatz, auf dem im Rahmen des European Film Market Filmrechte gehandelt werden. Bei der Initiative Berlinale Talents werden 300 Autoren, Regisseure, Kameraleute, Schauspieler und andere Talente mit internationalen Filmprofis zusammengebracht und vernetzt, sie werden gecoacht und auch darüber hinaus unterstützt. So mancher Film aus dem Berlinale-Programm hatte hier seinen Ursprung. Um Vernetzung geht es auch beim Berlinale Co-Production Market, auf dem internationale Produzenten, Finanziers oder Verleiher und Vertreter von Förderinstitutionen internationale Koproduktionen anstoßen.

Und letztlich ist Berlin ja auch im Winter immer eine Reise wert. Die Stars kommen gern, weil sie wissen, was die Stadt alles zu bieten hat: eine breite Kulturlandschaft, ein aufregendes Nachtleben und eine vielfältige Gastronomie. Zur Berlinale-Zeit trumpfen ja auch alle noch mal auf, die Nächte sind dann noch ein bisschen länger, die Cocktails noch ein bisschen härter und die Partys noch ein bisschen wilder als sonst. Es wird gefeiert, als gebe es kein Morgen. Die Augenringe kann man dann ja in der Dunkelheit des Kinosaals sehr gut verstecken.

94. GRUND

Weil Diane Kruger so sehr »Hollywood« ist

Starlets aus der ganzen Welt träumen davon: Hollywood – der verheißungsvolle Ort in den Hügeln, den Erfolg und Ruhm umwehen. Tausende von jungen Schauspielern kommen jedes Jahr in Los Angeles an, die Hoffnung auf den großen Durchbruch im Gepäck. Sie schlagen sich dann jedoch mehr schlecht als recht durchs Leben und tingeln von Casting zu Casting.

Die meisten scheitern. Aber einige setzen sich durch und darunter sind auch Deutsche: Ralf Möller, Til Schweiger oder Thomas Kretschmann. Und Diane Heidkrüger. Diese blonde Grazie, die den deutschen Filmmarkt scheinbar gleich links liegen gelassen hat, die Punkte über dem »U« in ihrem Nachnamen strich und diesen verkürzte, damit er international besser verstanden wird, und direkt nach Hollywood durchmarschierte. Als wäre das gar kein großes Ding – das Internationale scheint ihr im Blut zu liegen, als sei es angeboren.

Sie schnappt sich toughe Rollen, spielt neben Nicolas Cage Dr. Abigail Chase in *Das Vermächtnis der Tempelritter* oder Bridget von Hammersmark in *Inglourious Basterds*. Und auf eine Frau, die bereits mehrmals mit Brad Pitt drehen und als Helena in *Troja* sogar mit Orlando Bloom rumknutschen (!) durfte, sind wir sowieso neidisch – auch wenn sie es ihrem Talent nach verdient haben mag. Ganz abgesehen davon, dass sie es nach einer Ehe mit dem französischen Schauspieler Guillaume Canet mit ihrem aktuellen Freund Joshua Jackson (ja, der aus *Dawson's Creek*) auch ganz gut getroffen hat.

Wie hat sie das gemacht? Nach einer unauffälligen Kindheit in Hildesheim mit viel Ballettunterricht schaffte sie es mit süßen 16 Jahren ins Weltfinale des Wettbewerbs »Look of the Year« und startete als Model in Paris durch, wo sie ganz gut im Geschäft war. Dann jedoch der Klassiker: Das Model will mehr und nimmt Schauspielunterricht. Nach einigen kleinen Rollen bedeutet die Rolle als Helena den Durchbruch. Gegen 3.000 Konkurrentinnen soll sie überzeugt haben.

Diane Kruger sieht gut aus, ist schlau und hat Stil. Sie spricht fließend englisch und französisch und bewegt sich elegant auf internationalem Parkett. 2012 war sie Mitglied der Jury der Filmfestspiele in Cannes. Ihre eleganten Outfits sind ein beliebtes Motiv in den Klatschzeitschriften und sie setzt klugerweise auf Köpfchen statt auf Skandale. Auch wenn diese Frau ihre Herkunft nicht groß zum Thema macht, so ist sie doch eine genauso schicke wie smarte Vertreterin unseres Landes, der wir aus der Ferne sehr gern zusehen und die mit ihrer eleganten Unaufgeregtheit überzeugt. Ich sage hier mal Danke, Diane!

95. GRUND

Weil Deutschland doch Humor hat

Die Welt traut uns viel zu, aber dass wir besonders witzig sind, das glaubt kaum jemand. Das ist noch sehr höflich ausgedrückt, denn es ist eigentlich viel schlimmer: Der deutsche Humor hat einen ganz schlechten Ruf – man sagt uns schlichtweg nach, wir hätten gar keinen Sinn fürs Lustige, vor allem, weil wir angeblich nicht über uns selbst lachen können. Da gibt es ja auch überhaupt nichts zu lachen, oder? Das mit der Humorlosigkeit ist jedenfalls großer Quatsch.

Das beweist unter anderem eine ganze Reihe sehr witziger deutscher Autoren, Zeichner und Komödianten. Die wären nie erfolgreich gewesen, wenn sie kein Publikum und keine Leser gefunden hätten. Fangen wir an bei Wilhelm Busch, der mit seinen satirischen Bildergeschichten das Volk schon vor rund 150 Jahren kräftig zum Lachen brachte und die frechen Buben Max und Moritz ihre verrückten Späße treiben ließ. Weiter geht es mit dem Münchner Humoristen Karl Valentin, der sich am liebsten und besten über sich selbst lustig machte. Er bewies sich als Multitalent, war Sänger, Autor, Komiker und Filmproduzent. Und er war unter anderem ein großes Vorbild für Bernhard-Viktor Christoph-Carl von Bülow alias Loriot, einem der charmantesten Köpfe der deutschen Humorgeschichte. Er eroberte Bildschirm und Bühne mit seinem hintergründigen Humor, unter anderem zeichnete er Cartoons und drehte Sketche. Auch er war ein Multitalent: Regisseur, Schauspieler, Karrikaturist, Bühnen- und Kostümbildner und Professor der Theaterkunst. Sein Tod im August 2011 wurde tief betrauert. Loriot verdanken wir einen besonders komischen Blick auf Alltagssituationen oder die Tücken zwischenmenschlicher Kommunikation. Sie wissen schon: »Das Ei ist hart!« – »Ich habe es gehört …« – »Wie lange hat das Ei denn gekocht?« – »Zu viele Eier sind gar nicht gesund!« …[25]

Harald Schmidt, der baumlange Mann aus Nürtingen, inszenierte mit seinem freakigen Sidekick Feuerstein schräge Sketche und versüßte uns jahrelang das Einschlafen mit seiner Late-Night-Talk-show sowie den gemeinsten und trockensten Sprüchen der Welt. Er kann im Lebenslauf notieren: Schauspieler, Kolumnist, Kabarettist, Entertainer, Schriftsteller und Moderator. Seine Kollegin Anke Engelke beweist als eine von vielen Frauen, dass Humor in Deutschland auch keine reine Männersache ist. Engelke singt, moderiert und schlüpft mit großer Treffsicherheit in die verschiedensten Rollen, genau wie zum Beispiel Martina Hill. Die Spezialität Letzterer ist eine geniale Heidi-Klum-Persiflage – sie kann aber auch Angela Merkel, Daniela Katzenberger, Lena Meyer-Landrut und Bill Kaulitz zum Totlachen gut nachahmen. Hill ist Teil des Teams der Comedy-Sendung *Switch reloaded*, eines von vielen erfolgreichen Humor-Formaten im deutschen Fernsehen.

Mit dem berühmt-berüchtigten herben und besonders schonungslosen Witz britischer Serien kann es nicht zuletzt die Figur Stromberg aufnehmen: In der nach ihm benannten Adaption des englischen Originals *The Office* lässt uns Christoph Maria Herbst als Bernd Stromberg hinter die Kulissen des Büros eines Versicherungskonzerns schauen. Herbst bekam für die Rolle den Grimme-Preis und gleich dreimal den Deutschen Comedypreis. Diese Auszeichnung zeigt, wie breit die deutsche Komikerriege inzwischen aufgestellt ist. Preisträger sind unter anderem auch Thomas Hermanns, Oliver Kalkofe, Michael Mittermeier, Stefan Raab, Helge Schneider, Bastian Pastewka, Atze Schröder, Dieter Nuhr, Michael Bully Herbig, Hape Kerkeling, Kurt Krömer, Mirja Boes, Cordula Stratmann oder Mario Barth. Haha – reicht das nun als Beweis dafür, dass Deutschland reichlich Witz und Humor hat? Wer zuletzt lacht, lacht bekanntlich am besten …

Weil das Wohnzimmer immer sonntags zum »Tatort« wird

Wenn ich mal sonntags am Abend mit dem Auto nach Hause komme, finde ich so gut wie nie einen Parkplatz. Und jedes Mal wieder denke ich: »Mist. Alle zu Hause. Alle gucken *Tatort*.« Und wahrscheinlich ist tatsächlich mindestens die Hälfte der Bewohner meines Kiezes pünktlich heimgegangen, um ab 20:15 Uhr vor dem Fernseher zu sitzen und zu rätseln, wer heute der Mörder ist.

Die Krimireihe ist seit über 40 Jahren eine feste Institution in der deutschen Fernsehlandschaft – und jeden Montagmorgen wieder Gesprächsstoff in der Büro-Teeküche.

Das Konzept des Formats, das von der ARD und den österreichischen und schweizerischen Kollegen des ORF und SRF umgesetzt wird, sieht so aus, dass die einzelnen Rundfunkanstalten jeweils einen *Tatort* für ihr beziehungsweise aus ihrem Sendegebiet drehen. Jede Anstalt hat in der Regel ein eigenes Ermittlerteam und dieses meist auch eine ganz eigene Handschrift. Das bedeutet: 88 Minuten Krimi, immer gleicher Vorspann und Abspann, aber dazwischen ganz viel Abwechslung. Die Kommissare sind sehr unterschiedliche Typen mit teils skurrilem Hintergrund und Vorleben und auch die Machart der einzelnen Filme kann sehr verschieden sein. Nicht nur die Charaktere der Ermittler sind individuell, auch das typische Flair ihrer Heimat wird in den Krimis vermittelt.

Einige Kommissare haben sich unsterblich gemacht. Zu den bekanntesten und besten Verbrechensjägern aus dem *Tatort* zählen heute oder zählten in der Vergangenheit Götz George als Schimanski in Duisburg, Jan Josef Liefers und Axel Prahl als Professor Karl-Friedrich Boerne und Hauptkommissar Frank Thiel in Münster, die Kölner Kollegen Max Ballauf (Klaus J. Behrendt) und Freddy Schenk (Dietmar Bär), Ivo Batic (Miroslav Nemec) und Franz Leitmayr (Udo Wachtveitl) aus München; Fritz Dellwo (Jörg Schüttauf) und Charlotte Sänger (Andrea Sawatzki) aus Frankfurt oder die Hamburger »Swinging Cops« Paul Stoever (Manfred Krug) und Peter »Brocki« Brockmöller (Charles Brauer). Auch bekannte Regisseure wie Wolfgang Menge oder Wolfgang Petersen haben sich mit der Arbeit an *Tatort*-Folgen einen Namen gemacht.

Wenn Anfang der Woche über den *Tatort* »gesmalltalkt« wird, dann einen und spalten die Krimis die Nation gleichermaßen. Jeder hat's gesehen oder hat trotzdem eine Meinung dazu, jeder kann mitreden. Da wird gestritten und gejubelt, da werden flammende Plädoyers gehalten auf diese Ermittler und jene Drehbuchschreiber, da wird über schlechte Szenen und Dialoge geschimpft, oder man ist sich einig, dass das »endlich mal wieder ein richtig guter *Tatort*« war. Ich wage aber zu behaupten, dass es nicht immer nur am Krimi selbst liegt, wenn er in der allgemeinen Kritik schlecht abschneidet. Es sagt vielmehr etwas über die gesamtdeutsche Stimmungslage aus: Wenn die nicht gut ist, schimpft man noch mal lieber auf den *Tatort*.

Wer ihn am Sonntag verpasst hat und das bereut, kann das Gucken jederzeit nachholen: Die ganze Woche hindurch laufen Wiederholungen in den dritten Programmen, und in der Mediathek der ARD sind die Filme ebenfalls verfügbar. Dann sollte man nur sehr gut weghören, wenn die anderen schon den Täter diskutieren – wenn man weiß, wie's ausgeht, macht es ja nur noch halb so viel Spaß.

Weil große und kleine Verlage spannende Vielfalt bieten

Etwa 2.200 Verlage in Deutschland bringen jedes Jahr rund 80.000 neue Bücher auf den Markt – dieses hier ist eines davon. Der deutsche Buchmarkt ist besonders vielfältig: Einerseits besetzen große Konzerne wie Bertelsmann, Random House oder die Georg-von-Holtzbrinck-Gruppe mit ihren Titeln die Regale und Bestsellerlisten. Andererseits sind die meisten Häuser immer noch mittelständische Unternehmen. Außerdem gibt es auch eine ganze Reihe Independent-Verlage – so wie der, in dem auch dieses Buch erscheint. Schwarzkopf & Schwarzkopf ist unabhängig von Konzernen und sein eigener »Herr« – und das aus voller Überzeugung. Freiheit wird hier als hohes Gut angesehen, genau wie bei Kollegen wie Kein & Aber, Matthes & Seitz, Wallstein, kookbooks, Verbrecher Verlag und vielen, vielen anderen.

Independent, das bedeutet mehr Freiheit und damit meist mehr Kreativität und mehr Mut: In diesen Häusern wird nicht danach verlegt, was möglichst viel Profit einbringt, sondern vor allem danach, was Kopf und Herz und Seele bewegt. Da werden junge Talente gefördert und neue Ideen gewagt. Ihre Miete bezahlen müssen aber natürlich auch die Mitarbeiter solcher Unternehmen und das wird in der Regel durch den Verkauf von Lizenzrechten und durch eine nüchterne Mischkalkulation möglich. Die Programme müssen häufig kommerziell erfolgreiche Titel genauso führen wie »Herzensprojekte«.

Die Buchpreisbindung, die in Deutschland gilt, leistet einen großen Beitrag dazu, dass auch »kleine Nummern« überleben können: Die Verlage sind gesetzlich dazu verpflichtet, für jedes ihrer Bücher einen Preis festzulegen, an den sich dann alle Verkäufer halten müssen. Das heißt, hier wird nicht auf Kosten der Autoren mit Dumpingpreisen auf dem Markt gekämpft. Stattdessen ist klar: Dieses Taschenbuch kostet 9,95 Euro, egal wo man es kauft. Nicht zuletzt haben dadurch auch kleine Buchläden eine reelle Chance, mit großen Ketten der Branche oder gar dem Internethandel mitzuhalten.

Ein spannender neuer Markt tut sich im digitalen Bereich auf: E-Books werden immer beliebter und mit dem steigenden Absatz entsprechender Lesegeräte auch verbreiteter. Außerdem gehen viele Nachwuchsautoren inzwischen eigene Wege und setzen auf »Self-Publishing«, was bedeutet: Hat es nicht geklappt, das Manuskript bei einem Verlag unterzubringen, oder hat man darauf erst gar keine Lust, bringt man sein Werk einfach selbst heraus. Dank der Verbreitung über die neuen Medien ist das günstig und schnell zu haben. Zwar hat dieser Bereich bisher schon einige Glanzlichter hervorgebracht, jedoch gilt auch hier: Nicht jeder, der was sagt, hat auch was zu sagen und tut das dann auch noch so, dass man es gern liest. Dem klassischen Vertrieb des geschriebenen Wortes auf Papier und über Verlage tut das »Selbst-Verlegen« also wohl noch nicht so schnell Abbruch, eine spannende Alternative ist es aber allemal.

Weil zwei große Buchmessen jede Menge Lesestoff bieten

Leipzig und Frankfurt, das sind zwei große Namen für Verlage und Lesefüchse. Die Leipziger Buchmesse findet immer im März statt, die Frankfurter Buchmesse im Oktober. In riesigen Messehallen schieben sich an beiden Standorten Hunderttausende Besucher von Stand zu Stand, um zu sehen, was sich für die deutschen Bücherregale Neues ankündigt. Autoren geben sich die Klinke in die Hand, lesen, signieren, bis ihnen die Hände müde werden, diskutieren und plaudern aus dem Nähkästchen. Man kann sich stundenlang durch die Gänge treiben und an allen Ecken inspirieren lassen. Man sieht, was die großen Verlage sich ausgedacht haben, und kann viele kleine Häuser entdecken.

Jede Messe hat eigene Schwerpunkte und Besonderheiten: Leipzig gibt sich besonders publikumsnah und familiär. Dazu gehören ein eigener Bereich für Comics und ein Leseförderungskonzept. Europas größtes Lesefestival »Leipzig liest« trägt als Rahmenprogramm mit rund 1.800 Veranstaltungen die Messe in die ganze Stadt. Und die immer beliebteren Hörbücher bekommen ebenfalls viel Platz.

In der Gutenbergstadt Frankfurt am Main darf das »gemeine Volk« nur an den letzten beiden Messetagen an dem großen Spektakel teilhaben, vorher bleibt das Fachpublikum lieber unter sich. Es geht dann eben vor allem ums Geschäft und in einem eigenen Agentencenter wird zum Beispiel über Buchlizenzen und Rechte an spannendem Stoff verhandelt. Frankfurt widmet sich jedes Jahr einem Gastland oder einer Gastregion, das oder die man literarisch und kulturell näher kennenlernen soll – über Bücher, Lesungen und Veranstaltungen im Rahmenprogramm.

Preise für besondere Qualität bei den Veröffentlichungen und Autoren vergeben beide Messen: In Frankfurt fiebert die Branche unter anderem den Gewinnern des Friedenspreises des Deutschen Buchhandels und des Deutschen Jugendliteraturpreises entgegen, in Leipzig werden unter anderem der Preis der Leipziger Buchmesse und der Leipziger Buchpreis zur Europäischen Verständigung verliehen. 2013 wurden auch zum ersten Mal die besten »Self-Publisher« gewürdigt, also Autoren, die ihre Titel auf eigene Faust und in Eigenregie herausgeben.

Jede Messe hat ihren eigenen Charme und ihr eigenes Flair – lassen Sie sich das nicht entgehen, machen Sie sich ein eigenes Bild und besuchen am besten beide Veranstaltungen! Leipzig und Frankfurt sind ja auch sehr schöne Städte und immer eine Reise wert.

99. GRUND

Weil es die ARD gibt

17,98 Euro im Monat können sehr hitzige Diskussionen auslösen und die Emotionen der Deutschen ordentlich anstacheln: Dieser Rundfunkbeitrag, ehemals GEZ-Gebühr genannt, den man für die Nutzung der öffentlich-rechtlichen Fernseh- und Radioprogramme in Deutschland zahlt, weckt auch bei sonst pflichtbewussten Naturen oft den Geiz. Warum man denn für etwas zahlen solle, was man sowieso »nicht so oft« nutze, das seien »Halsabschneider« und »am Ende kommt da doch auch ständig Werbung«. Und bloß weil der CD-Player zu Hause auch Radioempfang bietet, heißt das ja nicht automatisch, dass man damit auch wirklich Radio hört – pauschal dafür bezahlen muss man aber trotzdem! Nicht jeder sieht ein, dass Qualität Geld kostet und dass die Öffentlich-Rechtlichen eine Grundsicherung bieten, die diese Qualität dauerhaft gewährleistet. Was ist denn mit *Tatort*, Fußball-Übertragungen, *Verbotene Liebe* oder *Tagesschau*? Da schaut man ja vielleicht schon ab und zu mal rein. Und das ist lange nicht alles, die ARD kann und leistet noch so viel mehr.

ARD ist die Abkürzung für »Arbeitsgemeinschaft der öffentlich-rechtlichen Rundfunkanstalten der Bundesrepublik Deutschland«: Zu dem Verbund gehören neun Landesrundfunkanstalten mit eigenen regionalen Programmen für TV und Radio sowie das Gemeinschaftsprogramm Das Erste und die Sender EinsPlus, Einsfestival und tagesschau24. Insgesamt sind es elf Fernseh- und 55 Radioprogramme. Das macht eine breite Meinungs- und Medienvielfalt in Deutschland möglich. Die rund 7,5 Milliarden Euro, die die ARD beispielsweise im Jahr 2011 eingenommen hat, hat sie wieder in ein Programm investiert, das sich der Information, Bildung, Beratung und Unterhaltung verschrieben hat und möglichst viele Menschen täglich erreichen soll. Viele Tausend Mitarbeiter machen das möglich. Sie drehen etliche Spielfilme, Dokus, Reportagen und Nachrichtenbeiträge. Etwa 100 eigene Korrespondenten weltweit machen eine unabhängige Berichterstattung möglich. Zudem unterhält die ARD zum Beispiel auch 16 Orchester und acht Chöre.

Egal, wie oft man einschaltet: Allein, dass es Alternativen zu *Germany's next Topmodel*, *Dschungelcamp*, gefakten Reality-Dokus und anderen medialen Verbrechen gibt, ist eine sehr tröstliche Tatsache.

100. GRUND

Weil wir auch online mitmischen

Die deutsche Gründlichkeit und Zuverlässigkeit wird auch in der scheinbar sonst so unverbindlichen digitalen Welt geschätzt: Eine ganze Reihe deutscher Start-ups kann sich der europäischen und teilweise sogar der schier übermächtigen amerikanischen Kreativ-Konkurrenz gegenüber sehr gut behaupten – www.deutschland-goesinternet.com!

Dazu gehören zum Beispiel »6Wunderkinder« mit ihrer Produktivitäts-Software Wunderlist oder die Meinungs-App Amen, in die unter anderem Ashton Kutcher Geld investierte. Tickets werden weltweit über Amiando.com bestellt, auch der Hotelzimmervermittler HRS und das Bewertungsportal Qype sind deutsche Ideen und international erfolgreich. Ebenso die Online-Marktplätze von Scout, wie zum Beispiel ImmobilienScout24.de, der Streamingdienst SoundCloud oder die Social-Game-Entwickler Wooga.

Wer über erfolgreiche Start-ups in Deutschland spricht, kommt nicht an den drei Samwer-Brüdern vorbei: Marc, Oliver und Alexander Samwer legen einen sehr beeindruckenden Unternehmergeist an den Tag. Zwischen 1970 und 1975 in Köln geboren und in einer gut situierten Familie (der Vater war unter anderem der Rechtsanwalt von Literaturnobelpreisträger Heinrich Böll) aufgewachsen, studieren die drei Jura, BWL und VWL, unter anderem in Oxford, Harvard und Köln, bevor sie sich für eine Karriere als Internet-Millionäre entscheiden. Ihr erster Coup: Mit Alando.de gründeten sie 1999 ein Online-Auktionshaus nach dem Vorbild von eBay und verkauften es dann schon sechs Monate später für ganze 43 Millionen Dollar – an eBay. Es folgte die Jamba GmbH, die die Nation fortan mit Klingeltönen nervte und dem fortan oft »Jamba«-Brüder genannten Trio eine Menge Geld einbrachte, bis sie für 273 Millionen Dollar in die USA verkauft wurde.

Seit einigen Jahren investieren die Brüder nun unter dem Dach der Rocket Internet GmbH Risikokapital in vielversprechende Start-up-Ideen, bisher unter anderem in das studentische »Facebook« studiVZ.net, die Partnervermittlung eDarling, das Reiseportal trivago, den Handwerkerdiscounter MyHammer und die Shopping-Website Zalando. Der Schwerpunkt liegt auf internationalen Märkten, die Firma hat Büros in der ganzen Welt.

Die Stärken der amerikanischen »Start-upper« liegen in ihren Ideen und ihren Finanzierungsmöglichkeiten, schwach sind sie aber in der Eroberung fremder Märkte, da sie sich dort schlecht anpassen können. Da punkten die Deutschen mit ihren bewährten Tugenden, denn sie sind ja sehr fleißig, diszipliniert, ehrgeizig und genau. Auch wenn das Internet auf den ersten Blick vor allem lässig und open-minded wirkt, sind im harten Business, das dahintersteht, diese Eigenschaften umso mehr gefragt.

KAPITEL 11

Zukunft ist jetzt

Wo schon heute morgen ist

Weil Forschung intensiv gefördert wird

13,75 Milliarden Euro investiert die deutsche Bundesregierung im Jahr 2013 in Bildung und Forschung. Das ist fast doppelt so viel wie zehn Jahre zuvor, und es sind sechs Prozent mehr als im Jahr 2012 – trotz Schuldenkrise. Das zeigt, wie wichtig das Thema für das Land ist.

Die Rechnung ist einfach: Je höher der Bildungsstand der Bevölkerung ist, desto mehr verdient der Einzelne im Schnitt und desto weniger Menschen sind arbeitslos. Damit nimmt der Staat durch Steuern und Sozialbeiträge mehr ein und spart umso mehr, je weniger arbeitslose oder sozial schwache Bürger er finanziell unterstützen muss. Außerdem ist Deutschland arm an Rohstoffen und damit vom Export abhängig. Deshalb setzt das Land so stark auf die Investition in Menschen und deren Wissen und Können, um die internationale Wettbewerbsfähigkeit zu sichern.

Klima und Energie, Gesundheit und Ernährung, Mobilität, Sicherheit und Kommunikation: In diesen Bereichen will Deutschland Vorreiter werden. Deshalb sieht die »Hightech-Strategie« vor, dass Maßnahmen, die Innovationen und Wachstum in diesen Bereichen möglich machen, unterstützt werden. Besonders durch die Energiewende ist Forschung zum Netzausbau und zu Speichertechnologien gefragt.

Dazu braucht es vor allem Fachkräfte. Klar ist: Jeder Bürger in Deutschland soll freien Zugang zu Bildung haben, egal welcher Schicht er angehört oder woher er kommt. Laut einer OECD-Studie ist die Bildungsbeteiligung hierzulande tatsächlich überdurchschnittlich hoch: Die staatlichen Angebote von Kinderbetreuung bis Weiterbildung werden intensiv genutzt. Im Jahr 2010 hat so gut wie jedes Kind im Alter von vier Jahren einen Platz in Kindergarten oder Vorschule – 96 Prozent.

86 Prozent der Bürger haben Abitur oder eine abgeschlossene Berufsausbildung, der EU-Durchschnitt liegt bei nur 75 Prozent. Die Arbeitslosigkeit bei jungen Leuten unter 25 Jahren ist mit 7,9 Prozent ebenfalls EU-weit am niedrigsten. Wer in Deutschland einen Beruf lernt, absolviert in der Regel eine duale Ausbildung, die das Lernen in der Berufsschule mit dem praktischen Arbeiten in einem Betrieb kombiniert. Andere Länder wollen dieses erfolgreiche Modell übernehmen, Spanien hat bereits damit begonnen, Italien arbeitet daran.

Finanziell schlecht gestellte Studenten können sich durch BAföG, ein Deutschlandstipendium oder Begabtenförderung unterstützen lassen. Elf Universitäten dürfen sich dank der sogenannten Exzellenzinitiative Spitzenuniversitäten nennen. Sie werden vom Bund besonders gefördert, genau wie eine ganze Reihe von Graduiertenschulen und Exzellenzclustern. Bis 2017 sollen sie 2,7 Milliarden Euro von Bund und Ländern bekommen. Auch an außeruniversitäre Forschung geht Geld, an die Deutsche Forschungsgemeinschaft, Helmholtz-Gemeinschaft, Max-Planck-Gesellschaft oder Fraunhofer-Gesellschaft. Es werden sowohl wissenschaftliche Einrichtungen wie auch Forschungsprojekte unterstützt.

Die Investition in Bildung und Forschung ist langfristig gesehen wichtig und lohnt sich mehr denn je – man muss sie sich aber auch leisten können. In schwierigen finanziellen Zeiten wie diesen haben viele andere Länder ihre Etats für Bildung und Forschung längst gekürzt. Deutschland hält zum Glück daran fest. Das hat zum Beispiel dafür gesorgt, dass es als einziges Land weltweit in den Jahren 2008 bis 2010 seine Arbeitslosenquote senken konnte. Ein langer Atem kann Zukunft sichern.

Weil wir eine Kanzlerin haben

Darf man eine Politikerin gut finden, nur weil sie eine Frau ist? Ach, warum nicht? Ihr Geschlecht macht die deutsche Bundeskanzlerin Angela Merkel nicht zu einem besseren Menschen, aber dass sich eine Frau in der männlich dominierten politischen Welt mit sehr viel Disziplin, Bildung und Rückgrat ganz nach oben gekämpft hat, ist einfach ein außergewöhnlicher Erfolg.

Am 22. November 2005 wird sie vom Bundestag zur Bundeskanzlerin der Bundesrepublik Deutschland gewählt: als erste Frau in diesem Amt. Angela Merkel löste damit Gerhard Schröder ab, der mit einem, wie er selbst es nannte, »suboptimalen« Auftritt in der sogenannten »Elefantenrunde« am Wahlabend den deutschen Fernsehzuschauern noch mal sehr deutlich vor Augen geführt hatte, was für eine erschreckend peinliche Angelegenheit gekränkte männliche Eitelkeit sein kann. Merkel lässt solche Gefühlsäußerungen vermissen – zum Glück! Kein Gejammer, keine Schwächeleien, keine privaten Affären – nichts. Man mag ihr vorwerfen, sie sei kühl wie eine Hundeschnauze, doch was ist uns lieber, wie soll ein Politiker sein? Die Deutschen hat sie jedenfalls überzeugt: Bei der Bundestagswahl im Herbst 2013 wurde sie wiedergewählt und darf mit einer Großen Koalition weiterregieren.

Man weiß nur wenig über sie privat: Die kinderlose Pfarrerstochter ist in zweiter Ehe mit dem Chemieprofessor Joachim Sauer verheiratet, sie wird als humorvoll und sehr loyal beschrieben. In den Anfangsjahren als Kanzlerin musste sie viele hämische Bewertungen ihres Äußeren ertragen. Die Frisur war den Kritikern zu spießig und zu einfallslos, die Klamotten galten als unvorteilhaft. Das ließ sie sicher nicht kalt, doch sie verzog keine Miene, hat es ausgesessen und sich eine Uniform aus etwas moderner geschnittenem Haar und Blazern in allen Farben des Regenbogens zugelegt.

Zusammen mit ihrer typischen Haltung wirkt sie wie eine Rüstung: Die Hände hält sie fast immer vor dem Körper, wobei die Fingerspitzen von Daumen und Zeigefingern einander berühren – die berühmte »Raute«. Eine sensible Geste der Macht.

Macht hat sie und zwar eine ganze Menge: Forbes bescheinigte ihr mehrmals nacheinander, die mächtigste Frau der Welt zu sein. Im Gesamtranking lagen sogar viele einflussreiche Männer hinter ihr: Russlands Präsident Wladimir Putin, Microsoft-Gründer Bill Gates, ja sogar der Papst. Merkel wird es wohlwollend zur Kenntnis genommen haben. Ohne nach Macht zu streben, tut sich niemand diesen Job an. Aber sie ist vor allem eins: aus vollem Herzen Politikerin. Und sie macht verdammt noch mal ihren Job – nicht mehr und nicht weniger. Davon sollte sich so mancher Kollege von ihr mal eine dicke Scheibe abschneiden!

Weil wir innovativer sind

Dass Deutschland viel Geld und Know-how in Forschung und Entwicklung investiert, aber auch, dass es viele schlaue und einfallsreiche Köpfe hat, das kann man besonders gut beim Patentamt einsehen: Jedes siebte Patent, das weltweit angemeldet wird, ist ein deutsches! Im Jahr 2012 wurden beispielsweise in ganz Europa 260.000 Patentanträge gestellt, rund 34.000 von klugen Köpfen aus Deutschland. Nur die Schweden können diese Zahl noch überbieten.

Was die Deutschen da leisten, wird vor allem deutlich, wenn man die Patente, die das Europäische Patentamt schließlich vergibt, in Verhältnis zu der Zahl der Einwohner setzt: Deutschland kann auf doppelt so viele Patente pro Einwohner verweisen wie Frankreich. Italien übertrumpfen wir mit dem vierfachen Wert und Spanien gar mit dem 18-fachen, Griechenland ganze 110 Mal. Neben den erfindungsreichen Schweden haben sich in diesem Vergleich nur noch die Schweizer mit auf die beiden vordersten Ränge geschoben (»Wer hat's erfunden? …«).

Viele deutsche Unternehmen schaffen sich mit patentierten Innovationen einen echten Vorteil gegenüber der Konkurrenz und zwar auch international. In Bereichen wie IT und Software beispielsweise strahlten die hellsten Leuchten nicht immer unbedingt in den USA, auch deutsche Firmen überzeugen mit Innovationen. SAP ist die vielleicht bekannteste Größe, aber auch viele weitere Softwarefirmen aus Deutschland spielen auf Weltniveau mit. So gibt es viele Branchen, die immer wieder Neuerungen entwickeln und damit von sich und von Deutschland reden machen.

104. GRUND

Weil man hier günstig leben kann

Die Mieten steigen ins Unendliche, Lebensmittel kosten immer mehr und sowieso wird alles teurer in Deutschland? Dieser Eindruck täuscht – zumindest im Vergleich mit anderen Ländern. Wer jemals Urlaub in Norwegen oder der Schweiz gemacht hat, weiß ja schon, dass beispielsweise ein Essen im Restaurant dort locker das Doppelte einer hiesigen Portion kosten kann. Aber die Zahlen zu Lebenshaltungskosten in Deutschland beweisen im europäischen Vergleich tatsächlich, dass man hier recht günstig lebt. Wir liegen beim Preisniveau nur 1,8 Prozent über dem Durchschnitt der 27 EU-Länder.

In Deutschland kriegt man für seinen Euro also mehr als anderswo: Obwohl die Wirtschaftsleistung pro Kopf, mit der man den Wohlstand eines Landes gut messen kann, hier höher ist als in Ländern wie Frankreich oder Dänemark, kostet der volle Einkaufskorb im deutschen Supermarkt weniger als dort. Das liegt wahrscheinlich unter anderem am starken Wettbewerb deutscher Händler. Das Land ist groß und damit auch der Markt sowie die Konkurrenz der Unternehmen untereinander. Das Prinzip der Discounter-Märkte soll eine deutsche Erfindung sein.

Dank fleißiger Kühe und Hühner kann man hierzulande vor allem Milchprodukte und Eier günstiger kaufen als in andern Ländern Europas – und Bier! Für den berühmten deutschen Gerstensaft zahlt man hier beinahe ein Fünftel unter EU-Durchschnitt. Relativ teuer sind dagegen Strom, Gas und Benzin, nämlich zehn Prozent über EU-Durchschnitt, und mit acht Prozent mehr auch die Mieten.

Wer es noch günstiger will als in Deutschland, muss nach Bulgarien fahren, ins billigste EU-Land. Auch in Polen, Ungarn und Tschechien sind die Preise niedrig. Aber im Vergleich kann man auch hierzulande relativ preiswert leben. Deshalb: Bleiben sie doch hier – und trinken Bier!

Weil Deutschland in Kinder investiert und damit in die Zukunft

Seit dem 1. August 2013 hat jedes Kind in Deutschland ab dem ersten Geburtstag Anspruch auf einen Betreuungsplatz in einer öffentlichen Kindertageseinrichtung. Es gibt hierzulande Elterngeld und Kindergeld und andere finanzielle Vergünstigungen für Familien. Deutschland hat ein offenes Bildungssystem, in das viel Geld investiert wird. Das sind nur drei der Belege dafür, dass die deutschen Politiker wissen, dass Kinder die Basis dieser Gesellschaft sind und deren Zukunft bedeuten. Und deshalb ist eine ihrer wichtigsten Anstrengungen, gute Bedingungen für Familien zu schaffen.

Was die Mütter, Väter und Kinder im Land brauchen, das soll zum Beispiel von den Politikern über den Familiengipfel abgefragt und konkret umgesetzt werden. Der wird seit Frühjahr 2013 regelmäßig durchgeführt. Entstanden ist die Idee dazu im Rahmen des Zukunftsdialogs: Mit diesem Instrument konnten die Bürger Deutschlands angeben, welche Themen ihnen für sich und ihr Heimatland wichtig sind.

Angela Merkel und ihre Kollegen wollen, dass Eltern arbeiten und sich trotzdem um ihre Kinder oder auch ihre eigenen Eltern kümmern können. Sie fragen sich deshalb zum Beispiel, »wie Lebenszeit aufgeteilt werden kann, damit berufliche Entwicklung und familiäre Entwicklung gleichermaßen möglich sind«. Zeit ist immer wieder der Punkt, der zur Sprache kommt, wenn es um Familien geht: Eltern brauchen ausreichend Zeit, die sie mit ihren Kindern verbringen können. Deshalb ist die Vereinbarkeit von Familie und Beruf nicht nur eines der wichtigsten privaten Themen, sondern auch der Politik. Das Ziel sind unter anderem »familienbewusste Arbeitszeiten«: also flexible Zeiten, die am Rhythmus der Kinder ausgerichtet sind. 2011 wurde zum ersten Mal eine entsprechende Charta unterschrieben. Die Mitwirkenden kommen zu einem großen Teil aus der Praxis. Eine ergebnisorientierte Arbeitswelt wird gefordert statt der weitverbreiteten Präsenzkultur. Ein Bericht soll festhalten, wie es vorangeht und was Regierung und Wirtschaft leisten sollten.

Die deutsche Familienpolitik ist oft noch recht holprig unterwegs und hat sicher einige Reserven. Aber es gab auch viele Erfolge zu vermelden, und dass das Thema bei der Regierung ganz oben auf der Agenda steht, ist ein wichtiges und gutes Zeichen. Die Politik legt vor und die Unternehmen werden mitziehen (müssen): Schließlich sind sie darauf angewiesen, dass sie auch in Zukunft immer gute Mitarbeiter haben – und die kriegen eben meistens auch irgendwann Kinder.

Weil ausländische Firmen sich hier gern niederlassen

Sie möchten Ihr Unternehmen im Ausland ansiedeln, suchen einen geeigneten Standort und Deutschland steht auf Ihrer Liste mit möglichen Kandidaten? Dann sollten Sie es ganz nach oben setzen, denn hier finden Sie ideale Bedingungen für Ihren wirtschaftlichen Erfolg!

Darf ich vorstellen: Deutschland ist ein echter Global Player mit führender Wirtschaft, hoher Produktivität, hoch qualifizierten Arbeitskräften, einer erstklassigen Infrastruktur und hervorragender Lebensqualität. Und das hat sich bereits herumgesprochen. Bei einer Befragung von amerikanischen Unternehmen nannten 73 Prozent Deutschland als ihre erste Wahl innerhalb der EU für mittelfristiges Investment. Mehr als 55.000 ausländische Unternehmen haben es bereits gewagt – vor allem aus den USA, der Schweiz und Großbritannien – und hier Arbeitsplätze für etwa drei Millionen Menschen geschaffen.

Freuen Sie sich auf ihren Neustart, denn Investoren sind in Deutschland sehr willkommen: Der Markt ist offen und frei, das deutsche Recht macht keinen Unterschied zwischen einheimischen und internationalen Firmen oder Gründern und die Niederlassung hier wird finanziell gefördert, unter anderem durch Lohnkostenzuschüsse. Organisationen wie die Germany Trade & Invest (GTAI) unterstützen Sie, wenn Sie sich hier ansiedeln wollen.

Wie Sie vielleicht bereits wissen, ist Deutschland der größte Markt in Europa. Dieses Land stellt 20 Prozent des europaweiten Bruttoinlandsprodukts. Die Erschütterungen durch die Wirtschaftskrise sind weitestgehend überstanden, seit dem Jahr 2010 ist die Wachstumsdynamik enorm. Schon damals wurden Hightech-Waren im Wert von etwa 120 Milliarden Euro exportiert: Damit sicherte sich Deutschland die Führung in Europa und den zweiten Platz weltweit.

Deutschland ist auch eine weltweite Logistik-Drehscheibe: Hier werden mehr Waren umgeschlagen als irgendwo sonst in Europa. Dabei hilft ein dichtes, gut ausgebautes Netz von Flughäfen, Autobahnen und Bundesstraßen, Schienen und Wasserstraßen. Dabei ist schon die zentrale Lage unschlagbar: Man erreicht uns aus fast ganz Europa innerhalb von drei Stunden per Flugzeug oder innerhalb von 24 Stunden auf der Straße.

Deutschland bietet nicht nur eine hohe Produktivität, sondern auch hervorragende Standards in der Produktion, unter anderem durch besonders effiziente Verfahrenstechnik. Nicht umsonst ist die Qualität »made in Germany« so berühmt. Auch dank der Arbeitskräfte, von denen die meisten durch duale Lehre oder ein akademisches Studium hervorragend ausgebildet sind. Im starken Mittelstand in Deutschland finden Sie sicher Zulieferer und Partner für Direktinvestition oder Kooperation.

Nicht zu vergessen: Deutschland ist außerdem Europas größter Forschungsstandort. Im Jahr 2010 wurden beispielsweise rund 70 Milliarden Euro in die Entwicklung neuer Technologien und Innovationen investiert – fast so viel wie Großbritannien und Frankreich zusammen dafür ausgaben. Allein Bayern reservierte für diesen Bereich mehr Geld als Russland, Nordrhein-Westfalen zahlte mehr als die Niederlande. Die Investition in Forschung ist vor allem auch ein wichtiger Einflussfaktor für die Wirtschaft, denn Wissenschaft und Industrie arbeiten hier eng zusammen. Übrigens: Die Wertschöpfung in forschungsintensiven Industrien in Deutschland übertrifft die von Japan und den USA!

Waren das genug Argumente? Sonst lesen Sie einfach weiter in diesem Buch. Hier finden Sie 110 weitere Gründe, warum Deutschland für Sie der richtige Standort sein könnte.

Weil Deutschland ein angesehener
Wissenschaftsstandort ist

Deutschland steht weltweit für Wissenschaft: Ein großes Netz aus Universitäten und vielen weiteren Forschungseinrichtungen ermöglicht nicht zuletzt die hohe Innovationsdichte des Landes. Die Regierung weiß um das Potenzial und die Wichtigkeit der Wissenschaft und hat sich deshalb eine ganze Reihe von Maßnahmen einfallen lassen: Da wäre zum einen die Exzellenzinitiative, die Deutschland als Wissenschaftsstandort stärken, das Land wettbewerbsfähiger und die Spitzenforschung sichtbar machen soll. Sie hat das Profil der Unis geschärft, neue Kooperationsmodelle angeregt, die zwischen Hochschule, Forschungseinrichtungen und der Wirtschaft bestehen. Außerdem der Hochschulpakt 2020, der möglichst viele Schulabgänger mit Abitur an die Unis bringen soll – im Jahr 2010 nahmen 46 Prozent eines Altersjahrgangs ein Studium auf, fünf Jahre vorher waren es noch 37 Prozent. Der Pakt für Forschung und Innovation schließlich unterstützt die außeruniversitären Forschungseinrichtungen Max-Planck-Gesellschaft, Fraunhofer-Gesellschaft, die Helmholtz-Zentren, die Leibniz-Einrichtungen und die Deutsche Forschungsgemeinschaft mit zusätzlichen Mitteln, die ihnen Spielraum dafür geben sollen, sich trotz steigender Kosten dynamisch weiterzuentwickeln. Dazu gehört die Idee, dass sich das Wissenschaftssystem untereinander gut vernetzt, sich aber auch öffnet und Wissenschaft und Wirtschaft Partnerschaften eingehen.

Die außeruniversitären Einrichtungen werden mit öffentlichen Mitteln gefördert und bekommen seit einiger Zeit durch ein neues Gesetz Hilfe – das Wissenschaftsfreiheitsgesetz. Es ermöglicht mehr Spielraum, unter anderem in Bezug auf Finanzen, Personalentscheidungen und Bauverfahren. Das Ziel lautet: weniger Bürokratie,

Kompetenzen bündeln, Genehmigungsverfahren beschleunigen und damit die eigenen Mittel effizienter einsetzen. Wissenschaftler brauchen Freiraum, um ihren Job gut zu machen. Durch das Gesetz dürfen die Einrichtungen zum Beispiel mehr Drittmittel aus nicht-öffentlichen Quellen einsetzen, um hoch qualifizierte Mitarbeiter zu gewinnen.

Erklärtes Ziel aller Initiativen: Das deutsche Wissenschafts-system soll im Jahr 2020 zu den besten der Welt gehören. Die deutschen Hochschulen und Forschungseinrichtungen sollen zu Spitzenforschungszentren mit internationaler Ausrichtung wer-den, unter anderem damit Studenten und Wissenschaftler aus aller Welt nach Deutschland kommen. Auch die Ausbildung des eigenen Nachwuchses wird intensiv gefördert – damit wir auch übermorgen noch ganz vorn mitdenken.

108. GRUND

Weil wir uns Sorgen machen

Fragt man die Deutschen, welche Aufgaben in ihrem Land drin-gend gelöst werden müssen, worüber sie sich also Sorgen machen, dann nennen sie im Durchschnitt 2,5 Probleme. Dazu gehört meistens der Kampf gegen die Arbeitslosigkeit. 2,5 Probleme – das klingt trotzdem nicht viel. Es sind aber mehr, als die Bürger in zehn anderen Ländern der EU haben, die für die Studie »Challen-ges of Europe« von der Gesellschaft für Konsumforschung befragt wurden. Nur 1,2 Sorgen zählen beispielsweise die Schweden und die Iren auf, wobei Letztere unter Wirtschaftskrise und Schulden besonders zu leiden hatten. Die Spanier grübeln – genau wie wir vor allem über ihre Jobs und das Risiko, dass diese in Gefahr sein könnten, 69 Prozent der Franzosen halten Beschäftigungspolitik für die wichtigste Herausforderung. Auf Arbeitslosigkeit an Platz eins der Top-Sorgen in Deutschland folgen Angst vor der Inflation und die Angst um die wirtschaftliche Stabilität des Landes.

Wir sind also Europameister, wenn es darum geht, sich Sorgen zu machen – und dabei geht es unserem Land doch im EU-Vergleich eigentlich sehr gut. Typisch deutsch würden die Amerikaner das nennen. Sie haben schließlich den Begriff der »German Angst« geprägt, der eine diffuse, unbegründete Angst beschreibt, die uns im Leben häufig zögern lässt, egal ob es einen Grund dafür gibt oder nicht. Im angelsächsischen Raum unterstellt man den Deutschen, dass diese Angst sie hemmt. Das kann ganz private Situationen betreffen oder das politische Parkett, wo beispielsweise die verhaltene deutsche Außen- und Sicherheitspolitik nach 1989 als Indiz für »German Angst« gesehen wird.

Aber sind wir wirklich langweilige Angsthasen ohne Mumm in den Knochen? Oder kann man die »German Angst« nicht auch positiv sehen? Ich finde ja: Wir denken eben lieber zweimal über eine Sache nach und wägen alle Argumente ab, bevor wir eine Entscheidung treffen. Wir agieren vorsichtiger und damit sicherer. Wir machen uns so unsere Gedanken. Wenn ich mich um jemanden sorge, dann ist mir derjenige wichtig, und ich möchte, dass es ihm gut geht. Und nachdenken hat außerdem noch nie geschadet!

109. GRUND

Weil auch die Weltmacht China unser Potenzial erkennt

Lange Zeit wurden chinesische Investoren erst wach, wenn es galt, deutsche Autozulieferer, die in finanzielle Schwierigkeiten geraten waren, günstig einzukaufen. Seit einiger Zeit hat die Weltmacht im Osten jedoch das umfassende Potenzial des deutschen Standortes erkannt und investiert immer häufiger in hiesige Unternehmen. Deutschland gilt in China nun als der mit Abstand attraktivste

Standort in Europa, um sich hier niederzulassen und gute Geschäfte zu machen.

Hintergrund ist unter anderem, dass die Chinesen nicht nur internationaler werden, sondern auch ihre eigenen Konkurrenten aufkaufen und gleichzeitig gern mehr Qualität produzieren wollen. Abgesehen von Autoteilen interessieren sich die Asiaten jetzt auch für deutsche Konsumgüter und Telekommunikation sowie Hightech aus den Bereichen Feinoptik oder Medizintechnik.

Eine konkrete Übernahme fand zum Beispiel schon bei Putzmeister statt. Das deutsche Unternehmen ist keine große Reinigungsfirma, sondern sie stellt Betonpumpen her – ja, diese Pumpen befördern Beton, zum Beispiel auf einer Baustelle, auf der ein Gebäude entsteht, in die Höhe. Putzmeister ist Marktführer und wurde von der chinesischen Firma Sany gekauft. Es gibt aber auch chinesische Firmen, die sich selbst hierzulande niederlassen. Greatview Aseptic Packaging (GA Pack), der »weltweit zweitgrößte Lieferant von sterilen Verpackungsmaterialien auf Rollen«, die für Lebensmittel oder Medikamente eingesetzt werden, hat es in Halle (Saale) getan und damit eine der bisher größten Investitionen in diesem Bereich getätigt. Wenn chinesische Firmen nach Deutschland gehen, dann wollen sie sich hier aber häufig auch einfach zusätzliche Absatzmöglichkeiten schaffen. Chinesische Stahlhersteller beispielsweise produzieren Überschuss. Durch den Kauf von Firmen im Ausland oder durch Joint Ventures, beispielsweise mit deutschen Unternehmen, können solche Unternehmen von bestehenden Vertriebskanälen profitieren.

Warum Deutschland? China schätzt unsere Stärken in Sachen Forschung und die gute Infrastruktur. Außerdem haben deutsche Marken und Unternehmen im Fernen Osten einen sehr guten Ruf. In China selbst sind übrigens schon rund 5.000 deutsche Unternehmen aktiv, vor allem im Automobilbereich – allen voran Volkswagen, die mit 17 Prozent Marktanteil und 50.000 Mitarbeitern den größten deutschen Arbeitgeber in China stellen.

Weil die Generationen zusammenhalten

Die wenigsten meiner Berliner Freunde haben auch ihre Wurzeln hier. Das bedeutet in der Regel, dass ihre Familien weit weg wohnen. Da reist man vor allem bei weiteren Entfernungen höchstens mal zu Geburtstagen oder Weihnachten in die Heimat. Und die Eltern kommen mal auf ein Wochenende vorbei, verbringen dann aber die meiste Zeit in Museen und auf Shoppingtour. Für viele ändert sich diese familiäre Unverbindlichkeit spätestens, wenn sie Kinder bekommen und die weit entfernten Eltern Großeltern werden. Dann glühen beim nächsten Fieberschub der Tochter schon mal die Telefonleitungen gleich mit – weil Oma überredet wird, doch bitte direkt anzureisen oder zumindest die besten Hausmittelchen durchzugeben. Dieser Zusammenhalt ist sicher nicht typisch deutsch. Aber es gibt ihn auch hier und das ist gut so.

Der demografische Wandel fordert alle Generationen neu heraus – gerade in Deutschland, denn es ist EU-weit das Land mit der ältesten Bevölkerung: 20,6 Prozent aller Bürger sind älter als 65 und nur 13,2 Prozent jünger als 14 Jahre. In Zukunft wird es hier immer mehr alte Menschen, aber immer weniger Kinder geben.

Gleichzeitig müssen wir flexibel sein, auch mal für einen guten Job umziehen. Damit haben wir wieder das Problem von oben. Umso wichtiger ist es deshalb, dass sich Strukturen herausbilden, mit denen man Familie leben kann, ohne dass es die eigenen Eltern sein müssen, die einen dabei unterstützen. Mehrgenerationenwohnen heißen zum Beispiel Projekte, bei denen Jung und Alt an einer Adresse gemeinsam leben. Es gibt immer mehr davon in Deutschland.

Für die Jungen bedeutet so ein generationenübergreifendes Wohnen, dass sie die Omas und Opas im Haus haben, die ab und zu bei der Betreuung der Kinder helfen können, wenn die »echten« Großeltern nicht verfügbar sind. Die Alten vereinsamen dagegen nicht und bekommen auch Unterstützung, wenn Nachbarn zum Beispiel mit für sie einkaufen. In einem Projekt in Freiburg können zum Beispiel Studenten günstig Einzimmerwohnungen mieten, wenn sie dafür einige Stunden in der Woche den älteren Bewohnern helfen. Weitere Synergien sind möglich: Da werden Autos und Fahrräder geteilt oder Werkzeug und andere Dinge des Alltags.

Funktioniert all das gut, dann hat bei so einem Projekt jeder seinen persönlichen Freiraum und profitiert gleichzeitig von der Gemeinschaft – die Großfamilie des neuen Jahrtausends also.

111. GRUND

Weil jeder sein eigenes Deutschland hat – danke!

Bei den Recherchen zu diesem Buch habe ich nicht nur die Augen und Ohren offen gehalten, Filme und Fernsehdokumentationen gesehen, Bücher, Zeitungen, Zeitschriften gewälzt und andere Inspirationsquellen konsultiert. Ich habe vor allem auch mit vielen Menschen in meinem Freundes-, Bekannten-, Familien- und Kollegenkreis über Deutschland gesprochen – über ihr Deutschland. Das war spannend. Denn fast immer stand am Anfang ein negativer Eindruck. Da wurde ein bisschen gemeckert (siehe Grund Nr. 6 in diesem Buch). Spontan fiel ihnen vielleicht ein, dass ihnen bestimmte Entscheidungen von Politikern nicht gefallen haben, dass Deutschland in ihren Augen rückständig und die Deutschen engstirnig seien oder dass etwas in ihrem direkten Umfeld nicht in ihrem Sinne ist. Das war aber immer nur der erste Impuls. Dann leuchteten fast immer ihre Augen auf und sie gerieten ins Schwärmen. So wurde mir nicht selten von einem tollen Land berichtet, das vor allem mit sehr persönlichen Erinnerungen verbunden ist. Da ging es vor allem um wunderschöne Natur, um Kindheit und bestimmte Produkte (Langneses Ed von Schleck oder Knusperflocken von Zetti), Urlaubsziele (Nordsee oder Ostsee) und deutsche Fernsehsendungen (*Die Sendung mit der Maus* oder *Mach mit, mach's nach, mach's besser*). Alle haben ganz persönliche Geschichten erzählt oder Erlebnisse und Erfahrungen von Menschen, die sie kennen. Immer blieb aber am Ende der Eindruck zurück, dass Deutschland für sie eine spannende und durchaus faszinierende Heimat ist.

An dieser Stelle möchte ich allen danken, die mich an ihren Gedanken teilhaben ließen, die mich inspiriert oder mir mit einer konkreten Information oder einem Hinweis auf mögliche Quellen weitergeholfen haben. Das waren unter anderem: Andrea, Andreas, Anika, Anna, Bastian, Caro, Daniel, Daniel und Daniel, Dirk, Hans, Johanna, Kathrin, Mary, Michael, Nadine, Oliver, Patrick, Sandra und Sandra, Yvonne – und alle anderen.

Ich könnte mit dem, was ich von ihnen und an anderen Stellen gehört und erfahren habe, viele weitere Bücher wie dieses hier füllen. Aber auf die Quantität kommt es bekanntermaßen letztlich nicht an. Was für mich zurückbleibt, ist das gute Gefühl, dass ich nicht allein bin mit dem Gedanken, dass Deutschland ein tolles Land mit viele faszinierenden Eigenschaften, Orten und Menschen ist und dass es ein sehr guter Platz zum Leben ist.

Außerdem danke ich allen, die während der Arbeit an diesem Buch viel Geduld mit mir hatten und tapfer mitgelesen und mitgedacht haben, vor allem dem D., dem Lieblingsmann in meinem Leben – und O. und A. für fast immer durchgeschlafene Nächte.

QUELLENVERZEICHNIS

1   Grimm, Jacob und Wilhelm: *Deutsches Wörterbuch*. S. Hirzel Verlag, 2010.

2   www.ikea.de

3   *Der große Brockhaus – Das Lexikon in einem Band*. wissenmedia, 2013.

4   www.ostsee.de/insel-usedom/beruehmtheiten.html

5   Menzel, Wolfgang: *Die Deutsche Literatur*. General Books LLC, 2012.

6   Goethe, Johann Wolfgang: *Faust I – Der Tragödie erster Teil*. Reclam, 2000.

7   epp.eurostat.ec.europa.eu/cache/ITY_PUBLIC/3-14042011-AP/DE/3-14042011-AP-DE.PDF

8   www.rp-online.de/sport/fussball/lothar-matthaeus-seine-besten-sprueche-bid-1.568483

9   www.rp-online.de/sport/fussball/lothar-matthaeus-seine-besten-sprueche-bid-1.568483

10   www.rp-online.de/sport/fussball/lothar-matthaeus-seine-besten-sprueche-bid-1.568483

11   »Einigung offiziell: Gomez stürmt nach Florenz«, erschienen am 8. Juli 2013 auf www.kicker.de

12   »Löw muss öfter reisen«, erschienen am 10. Juli 2013 auf www.badische-zeitung.de

13   www.adidas-group.com/de/unternehmen/profil/

14 www.t-online.de/unterhaltung/stars/id_57385392/franziska-van-almsick-holt-ihr-abitur-nach.html

15 Bohnenkamp, Friedrich: *Steffi Graf – Ein Portrait*. SWR-Dokumentarfilm, 2012.

16 www.hdg.de/lemo/html/dokumente/NeueHerausforderungen_re deVollstaendigRichardVonWeizsaecker8Mai1985/

17 www.nuernberg.de/internet/portal/buerger/leitbild.html

18 www.spiegel.de/panorama/holocaust-schicksal-vergebung-fuer-einen-teufel-a-389123.html

19 www.regensburg-digital.de/die-68er-waren-idioten-wir-auch/08112012/

20 Theobald, Willy: »Oliver Polak als Jud ›süss-sauer‹«, 17. Februar 2011, http://www.impulse.de/leben/oliver-polak-als-jud-suss-sauer

21 Polak, Oliver: *Ich darf das, ich bin Jude*. KiWi, 2008.

22 Peters, Freia: »Das schwierige Leben der Juden in Deutschland«, in: *Die Welt*, 9. September 2012, http://www.welt.de/politik/deutschland/article109102442/Das-schwierige-Leben-der-Juden-in-Deutschland.html

23 »Wir sind sympathische Millionäre«, in: *Stern*, 9. Oktober 2013.

24 von Uslar, Moritz: »Ich weine halt auch mal gerne«, in: *Die Zeit*, Nr. 41/2012, 12. Oktober 2012.

25 Loriot: »Das Ei«, in: *Szenen einer Ehe*. 16. Auflage, Diogenes Verlag AG, Zürich, 2005.

JULIANE GRINGER, Jahrgang 1981, schreibt als freie Journalistin für Tageszeitungen und Magazine. Nach einem Journalistikstudium in Leipzig lebt und arbeitet sie in Berlin. Zur deutschen Durchschnittsfamilie mit Mann und zwei Kindern fehlen ihr nur noch der Ehering und der Hund. Bis sie auch diese Anforderungen erfüllt, isst sie weiter Schwarzbrot und verbringt ihren Urlaub jedes Jahr aufs Neue an der Ostsee. Im Schwarzkopf & Schwarzkopf Verlag sind bereits ihre Bücher ZICKENALARM und MEIN CHEF IST EINE FRAU erschienen.

Juliane Gringer
111 GRÜNDE, DEUTSCHLAND ZU LIEBEN
Eine längst überfällige Liebeserklärung

ISBN 978-3-86265-357-7
© Schwarzkopf & Schwarzkopf Verlag GmbH, Berlin 2014

KATALOG

Wir senden Ihnen gern kostenlos unseren Katalog.
Schwarzkopf & Schwarzkopf Verlag GmbH
Kastanienallee 32, 10435 Berlin
Telefon: 030 – 44 33 63 00
Fax: 030 – 44 33 63 044

INTERNET | E-MAIL
www.schwarzkopf-schwarzkopf.de
info@schwarzkopf-schwarzkopf.de

BILDNACHWEIS

COVERFOTOS von links oben: © Ablestock.com/thinkstock, © JGPhoto76/thinkstock, © anyaivanova/thinkstock, © pictureimpressions/thinkstock, © Janne Hamalainen/shutterstock, © Jaak Kadak/thinkstock, © Anna Gontarek-Janicka/thinkstock, © AMzPhoto/thinkstock, © Masopasi/thinkstock, © shutterstock, © Anne Kreutzer-Eichhorn/thinkstock, © Valua Vitaly/shutterstock, © Joerg Beuge/shutterstock, © R_Barnstorf/thinkstock, © Angelika/istockphoto, © ManuWe/thinkstock, bungo/photocase.de, © AndreasWeber/thinkstock, © Francesca Schellhaas/photocase.de, © Oliver Hoffmann/thinkstock, © die petie/photocase.de, © Noppasin/thinkstock, © Johannes Norpoth/thinkstock, © Pavel Bernshtam/thinkstock, © Hans F. Meier/thinkstock, © Christina Hanck/thinkstock | BILDER IM INNENTEIL – S. 53: © jopelka/thinkstock, S. 71: © cirkoglu/thinkstock, S. 147: © egal/thinkstock, S. 185: © shutterstock